# ȚĂMÂNUL CHIFTELELOR DE CASĂ

## 100 DE VARIANTE DE REȚETE DE CHIFTELE DELICIOASE

### NIȚĂ PAVEL

# Toate drepturile rezervate.

## Disclaimer

Informațiile conținute în această carte electronică sunt menite să servească drept o colecție cuprinzătoare de strategii despre care autorul acestei cărți electronice a făcut cercetări. Rezumatele, strategiile, sfaturile și trucurile sunt recomandate doar de autor, iar citirea acestei cărți electronice nu va garanta că rezultatele cuiva vor oglindi exact rezultatele autorului. Autorul cărții electronice a depus toate eforturile rezonabile pentru a oferi informații actuale și exacte pentru cititorii cărții electronice. Autorul și asociații săi nu vor fi făcuți la răspundere pentru orice eroare sau omisiuni neintenționate care pot fi găsite. Materialul din cartea electronică poate include informații de la terți. Materialele terților cuprind opinii exprimate de proprietarii acestora. Ca atare, autorul cărții electronice nu își asumă responsabilitatea sau răspunderea pentru niciun material sau opinii ale terților.

Cartea electronică este copyright © 2022 cu toate drepturile rezervate. Este ilegal să redistribuiți, să copiați sau să creați lucrări derivate din această carte electronică, integral sau parțial. Nicio parte a acestui raport nu poate fi reprodusă sau retransmisă sub nicio formă, fără permisiunea scrisă exprimată și semnată din partea autorului.

# CUPRINS

CUPRINS ................................................................................. 3

INTRODUCERE ........................................................................ 6

## MIC DEJUN ........................................................................... 7
1. FRITTATA DE CHIFTELE CU MOZZARELLA ................................. 8
2. MIC DEJUN CHIFTELE ............................................................. 12
3. TIGAIE PENTRU MIC DEJUN DE CHIFTELUȚE ȘI CARTOFI ........... 14
4. CHIFTELE DE MIC DEJUN CU CÂRNAȚI, OUĂ ȘI BRÂNZĂ ............. 17

## APERITIVE ȘI GUSTĂRI ..................................................... 19
5. CHIFTELE DE ALIGATOR ......................................................... 20
6. CHIFTELE DE CARNE DE CĂPRIOARĂ CU SOS CREMOS DE MĂRAR .... 22
7. CHIFTELE ÎNVELITE ÎN SLĂNINĂ ............................................. 26
8. BILUȚE DE VARZĂ MURATĂ ................................................... 28
9. CHIPOTLE PENTRU APERITIV .................................................. 31
10. CHIFTELE PENTRU APERITIV DIN ORIENTUL ÎNDEPĂRTAT ......... 34
14. CHIFTELE DE COCKTAIL DE AFINE ......................................... 45
15. CHIFTELE DE VIN ................................................................. 48
16. CHULETAS .......................................................................... 51
17. CHIFTELE PENTRU PETRECERE CHAFING DISH ........................ 53

## PRANZ SI CINA .................................................................. 56
18. CHIFTELE DE MIEL UMPLUTE CU FETA CU SOS FETA ............... 57
19. CHIFTELUȚE SUEDEZE VEGANE ȘI SOS ................................... 61
20. CHIFTELUȚE DIN CAMBODGIA LEMONGRASS .......................... 66
21. CHIFTELUȚE DE CEAPĂ ȘI CURCAN CU BOURBON-AFINE .......... 70
22. CHIFTELE DE PUI CU SOS DE STRIDII ..................................... 75
23. CHIFTELE SICILIENE ............................................................. 78
24. CHIFTELE DE PORC ȘI FENICUL CU TAGLIATELLE .................... 82

## SUPE DE PERFITEȘTE ȘI TOCINE ..................................... 145
47. SUPĂ DE CHIFTELUȚĂ ȘI ESCAROLE DE MIEL CONDIMENTAT .... 146

48. Ciorbă de perisoare de căprioară ............................................. 150
49. Stroganoff chiftele ............................................................. 152
50. Chiftele de ceapă franțuzească ............................................ 154
51. Stracciatelle cu chiftele ...................................................... 157
52. Supă de chifteluțe și ravioli ................................................ 160
53. Ciorba bulgareasca de perisoare .......................................... 163
54. Supă mexicană de chifteluțe cu tortilla ................................ 166
55. Supă de chiftele cu lămâie ................................................... 168
56. Ciorba bulgareasca de chiftele ............................................. 171
57. Supă asiatică de chiftele ....................................................... 174
58. Supă de chifteluță cu ghimbir și creson ............................... 177
59. Tocană italiană de chifteluțe ................................................ 180
60. Chiftele în sos de smântână ................................................. 183
61. Sopa de albondigas .............................................................. 186

## SALATE DE PERFECTE ............................................................. 189

62. Chifteluțe daneze cu salată de castraveți ............................. 190
63. Salată orientală de chiftele .................................................. 193
64. Chiftele cu salata de rosii .................................................... 196

## BURGER, WRAP-URI ȘI SANDWICHE-URI ............................ 199

65. Chiliură de porc cu chili glazurat cu soia Bánh Mi .............. 200
66. Chiftelă Sub ......................................................................... 206
67. Veggie ball sub .................................................................... 209
68. Biluțe de ham-burger cu igname ......................................... 212
69. Sandvișuri calde de chiftele ................................................. 215
70. Chiftelă-vinete subs ............................................................. 217
71. Sandvișuri erou chiftele ....................................................... 220
72. Chiftelă-vinete subs ............................................................. 223

## CHIFTELĂ ȘI PASTE ................................................................. 226

73. Rigatoni și chiftele la cuptor ................................................ 227
74. Penne la cuptor cu chiftele de curcan .................................. 230
75. Chiftele și macaroane scurte ................................................ 233

## CHIFTELUTE PENTRU CREȘTEREA MUȘCHILOR ............... 242

78. Chiftele italiene de pui cu spaghete ............................................. 243
79. Chiftele de curcan mediteranean cu Tzatziki ............................. 247
80. Chiftele cu legume și carne de vită Marinara ........................... 251
81. 6 Ingrediente Chiftele ................................................................. 255
82. Chiftele de curcan, mere și salvie .............................................. 258
83. Chiftele asiatice cu glazură de mere Hoisin .............................. 261
84. Dovleac umplut cu chiftelute de pui .......................................... 265
85. Chiftelute de pui la grătar cu miere .......................................... 269
86. Chiftele de cartofi dulci de curcan ............................................ 273

## CHIFTELE VEGANE .................................................................. 275

87. Biluțe de tofu ............................................................................... 276
88. Paste vegane pentru chiftele ...................................................... 279
89. Chiftele vegane la cuptor ........................................................... 282
90. Chiftele fără carne ...................................................................... 285
91. Chiftele vegetariene ................................................................... 288
92. Chiftelute de oregano cu lămâie ................................................ 291
93. Chiftele de linte ........................................................................... 294
94. Copycat Ikea Veggie Balls .......................................................... 296
95. Chiftele de Quinoa ..................................................................... 299
96. Chiftele picante cu naut ............................................................. 302
97. Chiftele cu ciuperci vegane ........................................................ 305
98. Spaghete cu chiftele vegane ....................................................... 308

## DESERTURI DE CHIFTETE ..................................................... 311

99. Plăcintă de ciobanesc chiftele .................................................... 312
100. Plăcintă cu chiftele cu spaghete .............................................. 315

## CONCLUZIE ................................................................................. 318

# INTRODUCERE

Cu excepția cazului în care ești vegan, nu sunt multe lucruri rele de spus despre prietenul nostru delicios, chifteluța. În plus, chiar dacă ești vegan, te poți bucura de alternative grozave pe bază de plante pe care chiar și prietenii tăi carnivori le-ar fi greu să facă diferența.

# MIC DEJUN

# 1. Frittata de chiftele cu mozzarella

4 portii

## Ingrediente

- 1 lingura ulei de masline extravirgin, impartit
- 2 catei de usturoi, taiati felii
- 1 cană roșii struguri sau cherry, tăiate la jumătate
- Sare de mare fină și piper negru proaspăt măcinat
- 8 ouă mari
- 2 linguri de parmezan ras
- 2 linguri frunze de busuioc taiate
- ½ kilogram de chiftele (tăiate în jumătate dacă au mai mult de 1 inch în diametru)
- 4 uncii de mozzarella, de preferință proaspătă, tăiată în bucăți de ½ inch

## Directii:

a) Preîncălziți cuptorul la 425°F.

b) Într-o tigaie mare rezistentă la cuptor și de preferință antiaderentă, încălziți ½ lingură de ulei de măsline la foc mediu-mare. Adăugați usturoiul și gătiți timp de 30 de secunde, apoi adăugați roșiile și un praf de sare. Gatiti, amestecand o data sau de doua ori, pana cand sucurile de rosii sunt vascoase si lucioase, aproximativ 2 minute. Se toarnă roșiile pe o farfurie și se folosește o spatulă de silicon pentru a răzui sucurile de roșii lipicioase și pe farfurie.

c) Bateți ouăle până se omogenizează bine, apoi amestecați parmezanul și busuiocul. Asezonați cu sare și piper.

d) Încălziți ½ lingură rămasă de ulei de măsline în tigaie la foc mediu-mare. Puneți chiftelele în tigaie, tăiați-le cu părțile în jos dacă au fost înjumătățite. Presărați uniform roșiile. Turnați amestecul de ouă, folosind o furculiță pentru a redistribui uniform roșiile sau busuiocul dacă este necesar. Presărați mozzarella uniform peste partea de sus. Gatiti pana cand marginea frittatei incepe sa se intareasca, apoi folositi o spatula de silicon pentru a trage putin oul fiert de pe marginea tigaii, lasand oul crud sa curga in spatele lui. Repetați de câteva ori și gătiți până când ouăle sunt aproape fixate în jurul perimetrului tigaii, aproximativ 5 minute.

e) Puneți tava la cuptor și coaceți până când ouăle sunt așezate în centru, iar partea de sus este acoperită cu pete maronii prăjite, aproximativ 5 minute. Porniți broilerul și prăjiți timp de 1 minut pentru a ajuta la așezarea blatului și a favoriza mușcăturile de brânză prăjită și spumoasă.

f) Scoateți tigaia din cuptor. Frittata este cel mai ușor de scos din tigaie după 5 minute de odihnă. Glisați spatula dedesubt pentru a se slăbi, apoi acoperiți tigaia cu o farfurie mare sau o tavă pentru pizza și răsturnați frittata pe ea.

g) Întoarceți frittata încă o dată pe o farfurie de servire sau o masă de tăiat, astfel încât să fie cu partea dreaptă în sus.

## 2. Mic dejun Chiftele

Randament: 20 chiftele

Ingrediente:

- Cârnați de mic dejun de 1 kg
- 1 măr Granny Smith mic, decojit și ras (aproximativ 1/2 cană)
- 1/2 cană pesmet simplu
- 1/2 cană brânză cheddar rasă
- 1/4 cană ceapă rasă
- 1 lingurita de cimbru uscat
- 1/2 cană sirop de arțar

Directii

a) Preîncălziți cuptorul la 350°F. Tapetați o tavă de copt cu folie de aluminiu și acoperiți ușor cu spray antiadeziv. Pus deoparte.

b) Într-un castron mare, combinați cârnații, merele, pesmetul, brânza, ceapa și cimbrul cu o lingură de lemn sau cu mâinile.

c) Formați amestecul în chiftele de dimensiunea unei mingi de golf, de aproximativ 1 1/2 inci în diametru. Puneți la distanță uniformă pe foaia de copt pregătită.

3. Tigaie pentru mic dejun chiftele și cartofi

Porții: 4

## Ingrediente

- 1 pachet (20 oz) Chiftelușe Rosina Angus sau 1 pachet (26 oz) Chiftelușe Rosina în stil italian
- ⅓ cană ulei de măsline
- 1 pungă (28 oz.) de cartofi hash brown congelați cu ardei și ceapă
- ¾ cană brânză cheddar mărunțită

## Directii

a) Dezghețați parțial chiftelele în cuptorul cu microunde timp de 1 minut. Tăiați fiecare chifteluță în 3 felii. Încinge uleiul într-o tigaie mare la foc mediu, adaugă cartofii și chiftelele feliate în tigaie.

b) Se amestecă ușor amestecul și se presează într-un strat uniform. Gatiti netulburat timp de 5 minute pana se formeaza o crusta maro deschis pe fund.

c) Tăiați amestecul în mai multe secțiuni, întoarceți fiecare secțiune și gătiți timp de 5 minute până când se rumenește și devine crocant pe fund. Luați de pe foc și stropiți cu brânză. Acoperiți cu folie și lăsați să se odihnească 2 minute până când brânza se topește.

d) Serviți ca o masă completă sau o garnitură cu omletă, salsa și smântână.

## 4. Chiftele de mic dejun cu cârnați, ouă și brânză

randament: 24 Chiftelute

**Ingrediente**

- 1 kilogram de cârnați măcinați pentru micul dejun
- 2 ouă, bătute
- 1/2 cană brânză cheddar măruntită
- 1/4 cană pesmet fără gluten
- 1/4 cană sirop de arțar

**Directii**

a) Preîncălziți cuptorul la 425 de grade. Tapetați o foaie de copt cu un grătar și lăsați deoparte.

b) Într-o tigaie la foc mediu mic, amestecați 2 ouă bine bătute până când sunt gata. Rupeți ouăle fierte în bucăți mici cu un tocător de mâncare sau cu un cuțit.

c) Într-un castron mare, adăugați toate ingredientele. Folosește o lingură de lemn pentru a combina totul până când se amestecă. Nu lucrați prea mult amestecul de carne.

d) Folosiți o linguriță pentru prăjituri pentru a măsura 24 de chiftelute de dimensiuni egale. Rulați chiftelele în mâini și puneți-le pe tava de biscuiți.

e) Coaceți timp de 25 de minute. Lasati sa se raceasca 5 minute inainte de a manca.

f) Serviți cu sirop de arțar pentru înmuiere.

## Aperitive și gustări

## 5. Chiftele de aligator

Randament: 3-4

## Ingrediente:

- 2 kilograme de aligator
- 1/2 kilogram de cârnați de casă
- 2 cani de sofrito sotat si racit
- 1 lingura cayenne
- 1 1/2 linguri piper
- 1 lingura sare
- 1 lingură condiment Meat Magic
- 1 cană pesmet

## Directii:

a) Măcinați grosier aligator.

b) Adăugați ingredientele rămase și amestecați bine.

c) Formați 2 1/2 uncie chiftele. Puneți chiftele într-o tigaie de hotel și umpleți aproximativ 1 inch cu supă de pui.

d) Acoperiți cu folie și fierbeți la 350 de grade timp de 45 de minute.

## 6. Chiftelute de căprioară cu sos cremos de mărar

Randament: 3-4

**Ingrediente:**

**Pentru chiftele:**

- 2 kilograme de vânat măcinat
- 2 lingurite sare
- 1/2 lingurita piper
- 2 oua
- 1/3 cana ceapa tocata marunt
- 1/2 cană unt topit
- 1/2 cană smântână groasă
- 2 căni pesmet/tărâțe de grâu

**Pentru sosul de mărar:**

- 1/2 cană unt topit
- 1/4 cană făină
- 1 cană bulion de oase (jumătate de pachet)
- 2 cani de smantana
- 1 lingură buruiană de mărar uscată

- 1/2 lingurita ienibahar

**Directii:**

a) Preîncălziți cuptorul la 375 de grade.

b) Stropiți ușor o tavă de copt cu ramă cu ulei de măsline sau de avocado.

c) Pentru a pregăti sosul de mărar, amestecați făina în untul topit până se omogenizează, apoi amestecați în bulion de oase. La sfârșit, adăugați smântâna și condimentele. Pus deoparte.

d) Într-un alt castron mare, combinați pesmetul, sarea și piperul, ouăle bătute și smântâna. Lăsați să se înmoaie timp de 1 până la 2 minute. Adăugați ceapa și carnea de căprioară măcinată, amestecând ușor cu mâna pentru a o combina. Nu suprasolicitați.

e) Întindeți chiftele de dimensiunea unei mingi de golf.

f) Pune chiftele pe o tavă de copt. Stropiți ușor unt topit deasupra chiftelelor.

g) Coaceți 15 minute, întoarceți și coaceți încă 15 sau până când se rumenesc și sunt fierte.

h) Pentru a servi, stropiți chiftele cu sos de mărar. Pentru un plus de distracție, adăugați frigărui mici la fiecare chifteluță.

## 7. Chiftele învelite în slănină

## Ingredient

- ½ kg carne de vită tocată
- ¼ cană apă rece
- 2 lingurite ceapa tocata
- ½ lingurita Sare
- ¼ lingurita Piper condimentat
- 4 felii Bacon; tăiat în jumătate în cruce

## Directii:

a) Combină primele 5 ingrediente, amestecând bine; formați 8 chiftele. Rulați bucățile de slănină în jurul chiftelelor și fixați-le cu scobitori.

b) se caleste la foc mediu pana cand baconul este crocant si rumenit; scurgeți grăsimea. Dacă chiftelele nu sunt gata, acoperiți și fierbeți încă 5 până la 7 minute.

## 8. bile de varză murată

**Ingredient**

- 1 ceapă medie, tocată
- 2 linguri de unt
- 1 cutie de spam (sol)
- 1 cană carne de vită măcinată
- ¼ linguriță de sare de usturoi
- 1 lingura Mustar
- 3 linguri patrunjel tocat
- 2 căni de varză murată
- ⅔ cană făină
- ½ cană supă de vită sau cub de bulion, dizolvat în 1/2 cană de apă
- 2 ouă, bine bătute
- ½ cană pesmet
- ⅛ linguriță de piper

**Directii:**

a) căliți ceapa în unt, adăugați spam, corned beef. Gatiti 5 minute si amestecati des. Adăugați usturoi sare, muștar, pătrunjel, piper, varză murată, ½ cană de făină și supă de vită. Amesteca bine. Gatiti 10 minute.

b) Se intinde pe tava pentru a se raci. Formați bile mici. Rulați în făină, înmuiați în ouă și rulați în firimituri. Se prăjește în grăsime fierbinte la 375 de grade până se rumenesc.

# 9. Chipotle pentru aperitiv

**Ingredient**

- 1 ceapa medie; tocat
- 4 catei de usturoi; tocat
- 1 lingura ulei vegetal
- 1 cană sos de roșii
- 2 cesti supa de vita
- ¼ cană Chipotles adobo împreună cu sosul
- 1 kg carne de vită tocată
- 1 kg carne de porc măcinată
- ½ cană ceapă tocată mărunt
- ¼ cană coriandru proaspăt tocat mărunt
- ½ cană pesmet
- 1 ou; bătut
- Sare și piper negru proaspăt măcinat
- Ulei vegetal pentru prajit

**Directii:**

a) Se caleste ceapa si usturoiul in ulei pana se rumenesc usor. Adăugați sosul de roșii, bulionul și chipotlele în sos adobo.

b) Combinați carnea de vită, porc, ceapa, coriandru, pesmet, oul și asezonați cu sare și piper. Se amestecă ușor, apoi se formează chiftele mici.

c) Se toarnă câteva linguri de ulei într-o cratiță grea și se rumenesc chiftelele.

## 10. Chiftele pentru aperitiv din Orientul Îndepărtat

## Ingredient

- 1 cutie Spam carne de prânz; (12 oz)
- ⅔ cană pesmet uscat
- ½ cană muguri de fasole bine scurși mărunțiți
- ¼ cană ceapă verde tocată
- ¼ linguriță de ghimbir pudră
- Piper negru proaspăt măcinat; la gust
- Picturi de cocktail

## Sos de scufundare

- 1 cană suc de roșii
- ¼ cană de ardei verde tocat mărunt
- ⅓ cană ceapă verde tocată mărunt
- ¼ linguriță de ghimbir măcinat

## Directii:

a) Combinați Spam-ul măcinat cu pesmet, muguri de fasole, ceapă, ghimbir și piper.

b) Formați amestecul în 24 de bile. Puneți pe grătar într-o tavă de copt puțin adâncă; se coace la cuptor la 425 de grade 15 minute. Se răcește la temperatura camerei.

c) Pune chiftelușe pe picaturile de cocktail și scufundă-le în sosul fierbinte din Orientul Îndepărtat.

d) Sos pentru scufundare în Orientul Îndepărtat: într-o cratiță mică, combinați toate ingredientele. Se aduce la fierbere; se fierbe, neacoperit, 5 minute. Se serveste fierbinte.

## 11. Chiftele de arțar

Porții: 5-6

## Ingrediente:

- 1 - 26 oz. pungă de chiftele de vită
- 1/2 cană sirop de artar adevărat
- 1/2 cană sos chili
- 2 lingurite de arpagic uscat (sau 2 linguri de arpagic proaspat)
- 1 lingura sos de soia
- 1/2 lingurita mustar macinat

## Directii:

a) Într-o cratiță, combinați siropul de arțar, sosul chili, arpagicul, sosul de soia și muștarul măcinat.

b) Se aduce la fierbere scăzut. Adăugați chiftelele în cratiță și readuceți la fiert.

c) Se fierbe la foc mediu timp de 8-10 minute, amestecând din când în când până când chiftelele sunt încălzite bine.

d) Serviți ca aperitiv cu scobitori sau peste orez fierbinte.

## 12. Chiftelușe asiatice sacante

Porții: 10-12

**Ingrediente:**

- 1 - 20 oz. pungă cu chiftelute de vită
- 2/3 cană sos hoisin
- 1/4 cană oțet de orez
- 2 catei de usturoi, tocati
- 2 linguri sos de soia
- 1 lingurita ulei de susan
- 1 lingurita de ghimbir macinat
- 1/4 cană glazură teriyaki
- 1/4 cană zahăr brun
- seminte de susan, optional

**Directii:**

a) Preîncălziți cuptorul și gătiți chiftele conform instrucțiunilor de pe ambalaj. Pus deoparte.

b) În timp ce chiftelele se coc, amestecați toate ingredientele sosului într-un bol până se omogenizează bine.

c) Odată ce chiftelele s-au terminat de gătit, puteți fie să scufundați fiecare chifteluță individual (folosind o scobitoare) în amestecul de sos, fie să turnați sosul peste chiftele și să le amestecați ușor până când sunt acoperite cu amestecul de sos.

d) Se servește peste orez și se ornează cu mazăre de zăpadă și fâșii de ardei roșu prăjit ca antre sau ca aperitiv cu scobitori.

## 13. Aperitive suedeze de chiftelute

## Ingredient

- 2 linguri ulei de gatit
- 1 kg carne de vită tocată
- 1 ou
- 1 cană pesmet moale
- 1 lingurita zahar brun
- ½ lingurita Sare
- ¼ lingurita Piper
- ¼ linguriță de ghimbir
- ¼ linguriță cuișoare măcinate
- ¼ lingurita de nucsoara
- ¼ linguriță scorțișoară
- ⅔ cană lapte
- 1 cană smântână
- ½ lingurita Sare

## Directii:

a) Încinge uleiul de gătit într-o tigaie. Amestecați toate ingredientele rămase, mai puțin smântâna și ½ linguriță de sare.

b) Formați chiftele de carne de dimensiunea unui aperitiv (aproximativ 1 inch în diametru). Rumeniți în ulei de gătit pe toate părțile până când sunt complet gătite.

c) Scoateți din tavă și scurgeți-l pe prosoape de hârtie. Se îndepărtează excesul de grăsime și se răcește ușor tava. Adăugați o cantitate mică de smântână pentru a bate rumenirea și amestecați. Apoi adăugați smântâna rămasă și ½ linguriță de sare, amestecând pentru a omogeniza.

# 14. Chiftele de cocktail de afine

**Ingredient**

- 2 kilograme Chuck, măcinat
- 2 oua
- ⅓ cană Catsup
- 2 linguri sos de soia
- ¼ lingurita Piper
- 12 uncii sos chili
- 1 lingura suc de lamaie
- 1 cană fulgi de porumb, firimituri
- ⅓ cană pătrunjel, proaspăt, tocat
- 2 linguri Ceapa, verde si tocata
- 1 catel de usturoi, presat
- 16 uncii sos de afine
- 1 lingura zahar brun

**Directii:**

a) Combinați primele 9 ingrediente într-un castron mare; amesteca bine. Formați amestecul de carne în bile de 1 inch.

b) Puneți într-o tavă de jeleu de 15x10x1 neunsă. Coaceți descoperit la 500F timp de 8 - 10 minute.

c)  Scurgeți chiftelele și transferați-le într-un vas de frecare și păstrați-le la cald.

d)  Combinați sosul de afine cu ingredientele rămase într-o tigaie. Gătiți la foc mediu până când devine spumoasă, amestecând din când în când; se toarnă peste chiftele. Serviți cald.

## 15. Chiftele de vin

## Ingredient

- 1½ kilograme Chuck, măcinat
- ¼ cană pesmet, condimentat
- 1 ceapa medie; tocat
- 2 lingurite Hrean, preparat
- 2 catei de usturoi; zdrobit
- ¾ cană suc de roșii
- 2 lingurite Sare
- ¼ lingurita Piper
- 2 linguri de margarina
- 1 ceapa medie; tocat
- 2 linguri Făină, universală
- 1½ cană supă de vită
- ½ cană de vin, roșu uscat
- 2 linguri de zahăr, brun
- 2 linguri Catsup
- 1 lingura suc de lamaie
- 3 ghimbir; sfărâmat

## Directii:

a) Combină primele 8 ingrediente, amestecând bine. Formați bile de 1"; puneți-le într-o tavă de copt de 13x9x2". Se coace la 450 de grade timp de 20 de minute. Scoateți din cuptor și scurgeți excesul de grăsime.

b) Încălziți margarina într-o tigaie mare; căleți ceapa până se înmoaie. Se amestecă cu făina; se adauga treptat supa de vita, amestecand continuu. Adăugați ingredientele rămase.

c) Gatiti la foc mic 15 minute; adăugați chiftele și fierbeți 5 minute.

## 16. Chuletas

## Ingredient

- 2 kg carne de vită tocată
- 2 cesti crengute de patrunjel; Tocată
- 3 Ceapa galbena; Tocată
- 2 oua; ușor bătută
- 1 lingura Sare
- ½ cană parmezan; Proaspăt ras
- ½ lingurita sos Tabasco
- 1 lingurita piper negru
- 3 căni pesmet uscat
- Ulei de masline

## Directii:

a) amestecați toate ingredientele cu excepția firimiturii. Formați bile mici, de dimensiunea unui cocktail.

b) Rulați bile în pesmet. Răciți-vă bine. Se prăjește în ulei de măsline trei până la patru minute. Transferați într-o farfurie. Serviți cu salsa preferată sub formă de sos. Face aproximativ 15 pe kilogram de carne de vită tocată.

# 17. Chiftele pentru petrecere Chafing Dish

## Ingredient

- 1 kg carne de vită tocată
- ½ cană pesmet fin uscat
- ⅓ cană ceapă; tocat
- ¼ cană lapte
- 1 ou; bătut
- 1 lingura patrunjel proaspat; tocat
- 1 lingurita Sare
- ½ lingurita piper negru
- 1 lingură sos Worcestershire
- ¼ cană de scurtătură vegetală
- 1 sticlă de sos chili
- 1 borcan de 10 oz jeleu de struguri

## Directii:

a) Formați chiftelute de 1 inch. Puneți într-o tigaie electrică în shortening fierbinte, la foc mediu, timp de 10-15 minute sau până se rumenesc. Scurgeți pe prosoape de hârtie.

b) Combinați sosul de chili și jeleul de struguri într-o cratiță medie (sau aceeași tigaie electrică); amesteca bine.

Adăugați chiftele și fierbeți la foc mic timp de 30 de minute, amestecând din când în când.

c) Serviți cu scobitori dintr-un vas de frecare pentru a vă menține cald

# PRANZ SI CINA

## 18. Chiftele de miel umplute cu feta cu sos feta

Randament: 2-3

**Ingrediente:**

**Pentru chiftele:**

- 1 lingura ulei de masline
- 1 ceapă galbenă medie; tăiate mărunt
- 1 kg de miel american măcinat de la Superior Farms
- 1 ou foarte mare
- 4 catei de usturoi; tocat fin
- 1/2 linguriță sare kosher
- 1/4 lingurita piper negru crapat
- 1 lingurita condiment de lamaie piper
- 1 lingura coaja de lamaie; proaspăt
- 1 lingura oregano; proaspăt tocat
- 1 lingura patrunjel uscat
- 1 uncie măsline kalamata, tocate
- 4 uncii feta; Stilul francez (cum ar fi Valbreso)

**Pentru sos:**

- 4 uncii feta; Stilul francez (cum ar fi Valbreso)
- 1/2 cană iaurt simplu
- 1 catel de usturoi; făcută într-o pastă
- 1 lămâie mică; coaja si suc
- 2 linguri ierburi proaspete (marar, oregano, patrunjel, arpagic)

**Directii:**

a) Încinge ulei de măsline într-o tigaie la foc mediu. Adauga ceapa tocata si caramelizeaza timp de 5 pana la 10 minute pana devine auriu pe margini. Scoateți din tigaie cu o lingură cu șuruburi și lăsați să se răcească puțin.

b) Puneți mielul, oul, usturoiul, condimentele, coaja și măslinele într-un castron. Folosiți o furculiță pentru a amesteca ușor până când amestecul se oprește.

c) Cântărește porții de 2 uncii - vei avea 10 chiftele. Folosește mâinile curate pentru a face ușor o adâncitură în centrul fiecărei chiftele, așezând niște brânză feta în centru și închizând pentru a sigila. Repetați până când toate chiftelele sunt umplute cu feta.

d) Puneți chiftele pe grătarul unei friteuze cu aer și gătiți la 350 de grade timp de 8 minute pe lot. Dacă folosiți cuptorul, gătiți la aceeași temperatură pentru aceeași perioadă de timp. Pentru o temperatură medie, temperatura internă a chiftelelor trebuie să fie de 160 de grade.

e) Folosind un cleşte, scoateți cu grijă chiftelele din friteuza şi puneți-le pe un platou de servire. Presarati cu ierburi proaspete si serviti cald cu sos feta.

## 19. Chifteluțe suedeze vegane și sos

Randament: 2-3

Ingrediente:

Pentru chiftele

- 2 linguri ulei de masline

- 1 vinete medie, aproximativ 1 kilogram, decojită și tăiată în cuburi de 1 inch

- 1 ceapa mica, tocata marunt, aproximativ 1/2 cana

- 1 lingurita sare

- 3 catei mari de usturoi, tocati, aproximativ 1 lingura

- 1 cană de ovăz de modă veche

- 2 căni de pesmet simplu sau panko, împărțit

- 1/2 cană nuci

- 1/2 lingura sare

- 1/4 lingură ienibahar măcinat

- 1/4 lingura de nucsoara macinata

- 1/4 lingură piper negru măcinat

- 1 cutie (15 1/2 uncie) de fasole albă, scursă și clătită

**Pentru Sos**

- 1/4 cană unt vegan
- 1/4 cană făină universală
- 3 căni de bulion de legume
- 1/3 cană drojdie nutritivă
- 2 linguri tamari sau sos de soia
- 1 lingură sos Worcestershire vegan
- 1/3 cană drojdie nutritivă
- 2 lingurite Dijon sau mustar galben
- 1/2 lingurita piper alb macinat
- 1 cană iaurt simplu, fără lapte, neîndulcit

**Directii:**

a) Pentru a face chiftelele, încălziți uleiul într-o tigaie mare la foc mediu. Adăugați vinetele, ceapa și sarea. Gătiți, amestecând ocazional, timp de 15 până la 20 de minute, până când vinetele devin translucide și foarte moi. Adăugați usturoiul în ultimele două minute de gătit. Se ia de pe foc si se da deoparte.

b) Preîncălziți cuptorul la 375 de grade. Tapetați o tavă de copt cu hârtie de copt. Dacă aveți un robot de bucătărie mic, acest pas următor ar trebui făcut în mod egal în două loturi.

c) Într-un robot de bucătărie, amestecați ovăzul, 1 cană de pesmet, nuca, sare, ienibahar, nucșoară și piper negru. Adauga fasolea alba si proceseaza pana se omogenizeaza. Transferați vinetele în robotul de bucătărie, răzuind bucățele maro din tigaie și pulsați până când totul este combinat. Amestecul ar trebui să fie destul de bine amestecat, dar să păstreze o anumită textură. Pune tava deoparte pentru a face sosul.

d) Întindeți 2 linguri de ulei pe pergament. Puneți restul de 1 cană de pesmet într-un castron mic.

e) Folosind o lingură sau o linguriță, modelați amestecul în bile cu diametrul de aproximativ 1 1/2 inch. Rulați fiecare în pesmet și aranjați-l pe tava de copt.

f) Coaceți aproximativ 30 de minute până când chiftelele sunt tari și crocante la exterior.

g) În timp ce chiftelele se coc, faceți sosul.

h) Topiți untul în tigaia cu vinete. Se amestecă făina și se fierbe timp de 3 până la 4 minute. Se amestecă bulionul și se amestecă până se omogenizează și se îngroașă. Se amestecă drojdia nutritivă, tamari, sosul Worcestershire, muștar, piper și sare. Fierbeți ușor la foc mediu-mic până când sosul se îngroașă, aproximativ 5 minute.

i) Se amestecă iaurt. Gustați și adăugați mai multă sare dacă doriți. Transferați chiftele în tigaie și puneți sos peste ele. Gatiti usor aproximativ 5 minute. Transferați într-un vas de servire, stropiți cu pătrunjel și serviți. Congelați extra chiftele și sosul separat timp de până la 3 luni.

j) Pentru a servi, prăjiți legume spiralate, cum ar fi dovleceii, tăițeii fierți sau piureul de cartofi și adăugați pătrunjel tocat pentru garnitură.

## 20. Chiftele din Cambodgia Lemongrass

Randament: 2-3

**Ingrediente:**

**Pentru chiftele:**

- 1 kg carne de porc măcinată
- 1/2 cană ceapă tocată
- 2 catei de usturoi, tocati
- 1 ou
- 1/4 cană pesmet
- 1 lingură curry de lămâie cambodgiană
- 1 lingură busuioc proaspăt tocat, plus mai mult pentru ornat
- 1 lingura sos de soia

**Pentru sos:**

- 1/4 cană sos de soia
- 2 catei de usturoi, tocati
- 2 linguri sos hoisin
- 2 linguri miere
- 1 lingura otet de orez

- 2 lingurițe de curry de lămâie cambodgiană
- 1 lingurita ulei de chili fierbinte
- Semințe de susan prăjite pentru ornat

**Directii:**

**Pentru chiftele:**

a) Preîncălziți cuptorul la 400 de grade și tapetați o tavă cu folie de aluminiu.

b) Într-un castron mediu, adăugați carnea de porc măcinată, ceapa, usturoiul, ouul, pesmetul, curry de lămâie cambodgiană, busuioc și sosul de soia și amestecați bine.

c) Scoateți câte 2 linguri de amestec de porc și rulați în 18 chifteluțe.

d) Așezați chiftelele pe o tavă pregătită și coaceți-le timp de 20 de minute sau până când se rumenesc și sunt gătite la o temperatură internă de 160 de grade.

e) Pentru sos:

f) Într-un castron mic, amestecați sosul de soia, usturoiul, hoisinul, mierea, oțetul de orez, curry de lămâie cambodgiană și uleiul de ardei iute. Încinge o tigaie medie sau wok la foc mediu-mare și adaugă sosul.

g) Aduceți la fiert și adăugați chiftele fierte, întorcându-se să se îmbrace.

h) Gatiti pana cand sosul se ingroasa usor, aproximativ 2 minute.

i) Se serveste imediat peste orez si se orneaza cu busuioc si seminte de susan.

## 21. Chiftelușe de ceapă și curcan cu Bourbon-Misoare

Randament: 5-6

**Ingrediente:**

**Pentru afine înmuiate cu Bourbon:**

- 1 litru de merisoare uscate
- 4 uncii de bourbon
- 16 uncii de apă fierbinte

**Pentru chiftele de curcan:**

- 3 kilograme de curcan măcinat
- 1 kg carne de porc măcinată
- 12 uncii ceapă verde
- 1 uncie de salvie
- 2 1/2 linguri piper negru
- 2 linguri sare
- 12 uncii afine
- 10 uncii lichid de înmuiere rezervat

**Pentru muştar de cartofi dulci:**

- 1 cartof dulce mediu spre mare

- 2 uncii de semințe de muștar galben
- 2 uncii de semințe de muștar brun
- 2 căni de oțet de șampanie
- 2 căni de apă
- 1/8 linguriță ienibahar
- 1 baton de scortisoara
- 2 foi de dafin
- 1 lingura sare
- 6 uncii lichid de decapare
- 5 uncii de semințe de muștar murate
- 1 lingurita praf de curry galben
- 3 linguri de zahar brun deschis
- 1/2 lingurita piper cayenne
- Chifurile hot dog
- Cărbune Kingsford cu lemn de măr

**Directii:**

a) Pentru a face merișoarele înmuiate cu bourbon, combinați pur și simplu toate ingredientele și lăsați-le să stea peste noapte la frigider.

b) Pentru cârnații de curcan, combinați toate ingredientele într-un castron mare până se amestecă bine. Odată amestecat, amestecul de cârnați poate fi format în chiftele.

c) Construiți un foc de cărbune pentru gătit indirect folosind cărbune Kingsford cu lemn de măr, așezând cărbunii doar pe o parte a grătarului, lăsând pe cealaltă parte gol. Preîncălziți grătarul la 400 de grade.

d) Chiftele la grătar la foc indirect și se fierb timp de 10 minute, sau până când temperatura internă atinge 160 de grade.

e) Pentru a face muștarul de cartofi dulci, începeți prin a înveli strâns cartofii dulci în folie de staniol. Pune cartofii dulci înfășurați pe grătar la foc indirect, închideți capacul și gătiți timp de 30 până la 40 de minute sau până când se înmoaie. Odată răcit, scoateți-i din piele și rezervați 10 uncii de cartof dulce la grătar.

f) Într-o oală mică, combinați semințele de muștar galben, semințele de muștar brun, oțetul de șampanie, apa, ienibaharul, scorțișoara, foile de dafin și sarea și aduceți la fiert. Se fierbe timp de 45 de minute și se lasă să se răcească peste noapte la frigider. Separați semințele de muștar murate de lichidul de murat, dar nu le aruncați.

g) Combinați cartofii dulci cu lichidul de murat, semințele de muștar murate, pudra de curry, zahărul brun și ardeiul cayenne. Se amestecă bine și se lasă deoparte. Muștarul de cartofi dulci va păstra până la cinci zile la frigider.

h) Când serviți, întindeți generos muștar de cartofi dulci pe ambele părți ale unei chifle hot dog și puneți chiftelele la grătar înăuntru. Se serveste fierbinte.

## 22. Chiftele de pui cu sos de stridii

Randament: 2-3

**Ingrediente:**

**Pentru chiftele:**

- 1 kilogram de pui măcinat, de preferință carne neagră
- 1/2 cană pesmet panko
- 1 ou mare
- 3 cepe verzi, feliate subțiri plus încă pentru ornat
- Seminte de susan (garnitura optionala)

**Pentru marinată:**

- 1 lingurita ulei de susan pur Lee Kum Kee
- 1/2 lingurita ghimbir tocat
- 2 linguri de usturoi tocat

**Pentru sosul de scufundare:**

- 1/4 cană sos cu aromă de stridii Lee Kum Kee Panda
- 1 lingură de sos de soia pentru scufundare Lee Kum Kee Panda
- 1/2 linguriță ulei de susan pur Lee Kum Kee

- 2 lingurite de usturoi tocat

- 1/2 lingurita ghimbir tocat

- 2 linguri otet de orez

**Directii:**

a) Preîncălziți cuptorul la 400 de grade. Tapetați o foaie de copt cu hârtie de copt și lăsați deoparte.

b) Combinați puiul măcinat, uleiul pur de susan Lee Kum Kee, ghimbirul tocat, usturoiul tocat, panko, oul și ceapa verde într-un castron mare. Folosind mâinile curate, amestecați ingredientele. Întindeți amestecul în chiftele de 1 1/2 inch, formând aproximativ 18.

c) Preparați sosul de scufundare cu aromă de stridii combinând într-un castron sosul cu aromă de stridii Lee Kum Kee Panda, sosul de soia Panda Brand, uleiul de susan pur, usturoiul tocat, ghimbirul tocat și oțetul de orez. Pune o cantitate mică deoparte pentru a peria chiftelele în timpul coacerii.

d) Puneți chiftelele pe o foaie de copt pregătită și coaceți timp de 12 minute sau până când chiftelele sunt fierte. Ungeți chiftelele cu glazură și continuați să gătiți încă 2-3 minute.

e) Serviți chiftelute garnisite cu ceapă verde tocată, semințe de susan (opțional) și sos de scufundare cu aromă de stridii.

## 23. Chiftele siciliene

Randament: 3-4

**Ingrediente:**

**Pentru chiftele:**

- 2 kg carne de vită tocată
- 1 ceapa (tacata marunt)
- 5 cepe verde (taiate fin)
- 2 ouă întregi (bătute ușor)
- 1/2 cană panko
- 1/4 cană Pecorino Romano (răzuit)
- 1/2 legatura patrunjel italian (tocat)
- 1/4 cană lapte integral
- 2 linguri sare de mare
- 1 lingura piper negru
- 3 linguri ulei de masline (dupa nevoie)

**Pentru Sugo:**

- 2 linguri ulei de masline (dupa nevoie)
- 1 ceapa (tacata cubulete)

- 10 căței de usturoi (curățați și zdrobiți)
- 28 uncii roșii pere
- 1 lingură sare de mare
- 2 linguri de zahar granulat
- 1/2 lingura piper negru
- 4 frunze de busuioc (tocate)

**Directii:**

Pentru chiftele:

a) Pregătiți-vă legumele și măsurați toate ierburile și condimentele.

b) Într-un castron mare, cu mâinile, amestecați rapid, dar bine, toate ingredientele. (Notă: nu luați prea mult timp, deoarece căldura de la mâini va începe să topească grăsimea din carne și brânză.)

c) Cu o lingură de 1 uncie, porționați chiftelele pe o tavă de copt tapetată cu hârtie de copt. Scoop împachetat și nivelat pentru a asigura o dimensiune și o greutate uniforme pentru o gătit și o prezentare consistente. Rulați neted cu mâna.

d) Într-o tigaie de fontă unsă cu ulei sau într-o tigaie antiaderentă cu fundul greu, prăjiți chiftelele (în loturi, nu înghesuiți tigaia) doar pentru a rumeni suprafața. Se ia de pe foc si se pune cu grija in sos la fiert.

**Pentru Sugo:**

e)  Intr-o oala adanca tapetata cu ulei la foc mediu, caliti ceapa pana devine translucida, apoi adaugati usturoiul zdrobit si gatiti usor, fara sa se rumeneasca, timp de 1-2 minute.

f)  Adaugam rosiile tocate si piureul din conserva si asezonam cu sare si piper. Aduceți la fierbere, lăsați să fiarbă, amestecați zahărul și lăsați totul la fiert, dar doar aproximativ 5-6 minute. Se ia de pe foc si se lasa putin sa se raceasca.

g)  În loturi, puneți cu grijă sosul într-un blender și presă până la omogenizare. Transferați înapoi într-o oală și lăsați deoparte până când sunteți gata să terminați chiftelele.

h)  Reveniți la căldură și aduceți la foc mic. Puneți ușor chiftele în sos și lăsați să fiarbă încă 15 până la 20 de minute. Acesta este un sos rapid.

i)  Se ia de pe foc si se amesteca delicat frunzele de busuioc proaspat tocate.

## 24. Chiftele de porc și fenicul cu tagliatelle

## Ingrediente

- 500 g carne tocata de porc
- 1 ceapă, rasă
- 1 morcov, ras
- 1 baton de telina, ras
- 1 linguriță de semințe de fenicul, zdrobite
- 1 lingurita ardei iute zdrobit
- 30 g pesmet uscat
- 1 ou
- 1 lingurita ulei de masline
- 2 x cutii de 500 g passata
- 400 g tagliatelle uscate
- 15 g pătrunjel proaspăt cu frunze plate, tocat
- 30 g parmezan ras, de servit (optional)

## Directii:

a) Combinați carnea tocată, ceapa, morcovul, țelina, semințele de fenicul, ardeiul iute, pesmetul și oul într-un castron; asezoneaza bine.

b) Rulați lingurițe grămadă de amestec în 40 de bile. Transferați pe o tavă de copt și răciți timp de 10 minute.

c) Încinge uleiul într-o tigaie mare, cu capac, la foc mediu. Prăjiți chiftelele în reprize timp de 8-10 minute până devin aurii. Reduceți focul la mic și adăugați passata, apoi acoperiți și fierbeți timp de 15 minute.

d) Între timp, gătiți pastele pentru a împacheta Directions. Scurgeți și împărțiți în 4 boluri.

e) Pune deoparte jumătate din chiftelute pentru subs. Peste paste se toarnă chiftelele rămase, apoi se împrăștie cu pătrunjel. Acoperiți cu parmezan, dacă doriți.

## 25. Chiftele mediteraneene

**Ingredient**

- 1 kg carne de vită măcinată, măruntită
- 3 linguri Pesmet uscat neasezonat
- 1 ou mare
- 1 lingurita Fulgi de patrunjel uscat
- 2 linguri de margarina
- ¼ linguriță de usturoi pudră
- ½ linguriță Frunze de mentă uscate, zdrobite
- ¼ linguriță Frunze de rozmarin uscate, zdrobite
- ¼ lingurita Piper
- 1 lingurita Fulgi de patrunjel uscat

**Directii:**

a) Combinați toate ingredientele de chiftele într-un castron mediu. Formați amestecul în 12 chiftele.

b) Puneți margarina, pudra de usturoi și parley într-o cană.

c) Puneți la microunde la maxim timp de 45 de secunde până la 1 minut sau până când untul se topește.

d) Înmuiați chiftele în amestecul de margarină pentru a se acoperi și așezați pe un grătar.

e) Puneți la microunde la maxim 15 până la 18 minute sau până când chiftelele sunt tari și nu mai sunt roz în centru, rotind grătarul și rearanjand chiftelele de două ori în timpul gătirii. Dacă doriți, serviți cu orez fierbinte sau cușcuș.

## 26. chiftele grecești

## Ingredient

- 1½ kilograme Friptură rotundă măcinată
- 2 oua; uşor bătută
- ½ cană pesmet; fin, moale
- 2 Cepe medii; tocat mărunt
- 2 linguri patrunjel; proaspăt, tocat
- 1 lingura de menta; proaspăt, tocat
- ¼ linguriță scorțișoară
- ¼ linguriță de ienibahar
- Sare si piper proaspat macinat
- Scurtarea pentru prăjit

## Directii:

a) Combinați toate ingredientele, cu excepția shorteningului și amestecați bine.

b) Dați la frigider câteva ore. Se dau forma unor bile mici si se prajesc in shortening topit. Se serveste fierbinte.

## 27. Chiftele de carne suedeză ușoare

## Ingredient

- 2 kg carne de vită tocată
- 1 ceapă, rasă
- ½ cană pesmet
- liniuță Sare, piper
- 1 lingurita sos Worcestershire
- 2 ouă, bătute
- 4 linguri de unt
- 2 cesti Stoc sau consome
- 4 linguri Faina
- ¼ cană Sherry

## Directii:

a) Se amestecă primele șase ingrediente, se formează bile mici. Rumeniți în unt.

b) Adăugați bulion, acoperiți tigaia și fierbeți timp de 15 minute. Scoateți chiftelele, păstrați-le la cald.

c) Îngroșați sosul cu făina amestecată cu puțină apă rece. Gatiti 5 minute, adaugati sherry. Reîncălziți chiftele de carne în sos.

## 28. Chiftele libaneze

## Ingredient

- ½ cană ceapă tocată
- 3 linguri de unt
- 1 kg carne de vită tocată
- 1 ou, batut
- 2 felii Pâine înmuiată în 1/2 c. lapte
- 1 lingurita Sare
- ⅛ linguriță de piper
- 1 cană pesmet uscat
- 2 cani de iaurt simplu


a) Mod de preparare: Se caleste ceapa in 1 lingura de unt pana devine transparenta.

b) Se răcește ușor. Se amestecă cu carne, ou, pâine și condimente. Formați bile de 1¼ inch și rulați-le în pesmet uscat. Se rumenesc încet în cele 2 linguri de unt rămase. Scurgeți toată grăsimea în afara de 2 linguri.

c) Întindeți ușor iaurt peste și în jurul chiftelelor. Se fierbe timp de 20 de minute. Se serveste fierbinte cu orez sau pilaf de grau.

## 29. chiftele cantoneze

## Ingredient

- 1 kg carne de vită tocată
- ¼ cană ceapă tocată
- 1 lingurita Sare
- 1 lingurita Piper
- ½ cană de lapte
- ¼ cană de zahăr
- 1½ lingură amidon de porumb
- 1 cană suc de ananas
- ¼ cană de oțet
- 1 lingurita sos de soia
- 1 lingura de unt
- 1 cană țelină feliată
- ½ cană piper feliat
- ½ cană migdale tăiate, sotate

## Directii:

a) Formați 20 de chiftele mici din carne combinată de vită, ceapă, sare, piper și lapte.

b) Combinați zahărul și amidonul de porumb; se amestecă în lichide și se adaugă untul.

c) Gatiti la foc mic pana limpede, amestecand continuu.

d) Adăugați legumele și încălziți ușor 5 minute.

e) Puneți chiftele pe un pat de orez fiert, acoperiți cu sos și stropiți cu migdale.

# 30. Chiftele de cocktail festive

## Ingredient

- 1½ kg Carne de vită tocată
- 1 cană de orez MINUTE
- 1 conserve (8 oz) de ananas zdrobit în suc
- ½ cană morcov [mărunțit fin]
- ½ cană ceapă [tocata]
- 1 ou [bătut]
- 1 linguriță de ghimbir [măcinat]
- 8 uncii dressing franțuzesc
- 2 linguri sos de soia

## Directii:

a) Amestecați toate ingredientele, cu excepția ultimelor 2, într-un castron, apoi formați chiftele de 1 inch.

b) Se aseaza pe tava unsa cu unt si se coace in cuptorul preincalzit.

c) Amestecați sosul de soia și dressingul.

d) Serviți chiftelele calde cu dressing.

# 31. Chiftelușe și ardei din California

**Ingredient**

- 3 linguri ulei de masline
- 1 ardei gras roșu mare, fără miez, fără semințe
- 1 ardei gras verde mare, fără miez, fără semințe
- 1 ardei gras galben mare, fără miez, fără semințe
- 1 ceapă mare, tăiată felii
- $\frac{1}{3}$ de kilograme de carne de vită tocată
- $\frac{1}{3}$ de kilograme de porc măcinat
- $\frac{1}{3}$ de kilograme de vițel măcinat
- 1 ou mare
- $\frac{1}{4}$ cană pesmet fin uscat
- $\frac{1}{4}$ cană pătrunjel proaspăt tocat
- 1 linguriță de semințe de fenicul, zdrobite
- $1\frac{1}{4}$ lingurita Sare
- $\frac{1}{4}$ lingurita piper negru
- $\frac{1}{2}$ cană măsline negre fără sâmburi, tăiate la jumătate

**Directii:**

a) Într-o tigaie de 12 inchi, la foc mediu, încălziți 1 lingură ulei de măsline; adăugați ardei roșu, verde și galben și ceapa.

b) Combinați Butcher's Blend, ou, pesmet, pătrunjel, semințe de fenicul, $\frac{1}{4}$ linguriță de sare și piper negru.

c) Formați amestecul în bile de $1\frac{1}{4}$". Gătiți.

## 32. chiftele germane

## Ingredient

- 1 kg Carne de vită, măcinată
- 1 kg Carne de porc, măcinată
- 1 ceapă, rasă
- ⅓ cană pesmet
- liniuță de sare
- piper piper
- liniuță Nucșoară
- 5 albusuri, batute tari
- 3 căni de apă
- 1 ceapă, tăiată fin
- 4 frunze de dafin
- 1 lingura de zahar
- 1 lingurita Sare
- ½ linguriță de ienibahar și boabe de piper
- ¼ cană oțet de tarhon
- 1 lingura Faina
- 5 gălbenușuri de ou, bătute

- 1 Lămâie, feliată
- Capere

**Directii:**

a) Chiftelute: amestecați toate ingredientele, adăugând ultima dată albușurile bătute spumă. Formați bile.

b) SOS: Se fierb primele 6 ingrediente 30 de minute. Încordare; aduceți la punctul de fierbere, adăugați chiftele și fierbeți 15 minute.

c) Scoateți chiftelele pe platoul fierbinte, păstrându-le fierbinți. Adăugați oțet la lichid.

## 33. Chiftele scandinave

## Ingredient

- Amestec de bază pentru chifteluțe
- ⅛ linguriță cardamom; sol
- 1 lingura ulei vegetal
- 1¼ cană bulion de vită gata de servit
- ¼ linguriță iarbă de mărar
- 1 lingura amidon de porumb
- 2 linguri Vin alb sec
- 2 cesti taitei; gătit

## Directii:

a) Combinați ingredientele amestecului de chiftele de bază cu cardamom, amestecând ușor, dar bine. Formați amestecul în 12 chiftele.

b) Rumeniți chiftelele în ulei încins într-o tigaie mare la foc mediu. Se toarnă picăturile. Adăugați bulionul de vită și iarba de mărar în chiftelele din tigaie, amestecând pentru a se combina.

c) Se aduce la fierbere; reduce caldura. Acoperiți strâns și fierbeți 20 de minute. Se dizolvă amidonul de porumb în vin alb. Adăugați în tigaie și continuați să gătiți până se îngroașă, amestecând constant.

## 34. Chiftelușe belgiene fierte în bere

## Ingredient

- 1 cană pesmet alb proaspăt
- ¼ cană lapte
- 1 kg Carne de vită tocată, slabă
- ½ kg carne de porc sau vițel măcinată
- 1 ou mare
- Legume și condimente
- Ulei de gatit
- 2 linguri Pătrunjel, proaspăt; garnitură

## Directii:

a) Pentru a pregăti chiftele, înmuiați pesmetul în lapte până se umezește bine; se stoarce uscat cu mâinile.

b) Combinați pesmetul, carnea măcinată, ouăle, ceașopa, pătrunjelul, sarea, piperul și nucșoara într-un castron mediu.

c) Formați amestecul în 6 până la 8 bile sau chiftelușe (2 inchi în diametru și ½ inch grosime); pudrați cu 2 linguri de făină.

d) Încinge untul și uleiul într-un cuptor olandez adânc și greu, până când este fierbinte, dar nu se afumă, la foc mare.

Adăugați chiftele; gatiti pana se rumenesc pe toate partile, aproximativ 5 minute, avand grija sa nu se arda untul. Scoateți chiftelele pe platou; tine de cald.

## 35. Chiftele norvegiene de pui

**Ingredient**

- 1 kg de pui măcinat
- 4½ linguriță amidon de porumb; împărțit
- 1 ou mare
- 2¼ cană supă de pui; împărțit
- ¼ lingurita Sare
- ½ linguriță coajă de lămâie proaspăt rasă
- 2 linguri Mărar proaspăt tocat; împărțit
- 4 uncii de brânză Gjetost; tăiați cubulețe de 1/4 inch
- 4 cesti taitei fierbinti cu ou

**Directii:**

a) Bate oul; adăugați puțin ¼ cană bulion și 1¼ linguriță amidon de porumb. Se amestecă până se omogenizează. Adăugați coaja de lămâie și 1 lingură mărar proaspăt. Adăugați pui măcinat la acest amestec.

b) Aduceți două căni de bulion la fiert într-o tigaie de 10 sau 12 inci.

c) Puneți ușor linguri de amestec de pui în bulion care fierbe.

d) Pregătiți sosul: Amestecați restul de 1 lingură de amidon de porumb în 2 linguri de apă rece. Se amestecă în bulion fierbinte și se fierbe câteva minute până se îngroașă oarecum. Adăugați brânza tăiată cubulețe și amestecați constant până când brânza se topește.

e) În timp ce puiul se gătește, pregătiți tăițeii și păstrați-i fierbinți.

f) Întoarceți biluțele de pui în sos.

## 36. Chiftelențe franțuzești

**Ingredient**

- 1 kg pui măcinat sau curcan
- ½ cană pesmet
- 1 ou
- 1 lingurita fulgi de patrunjel
- ½ linguriță praf de ceapă
- ¼ lingurita Sare
- ⅛ linguriță de piper
- ⅛ linguriță de nucșoară
- 2 linguri ulei vegetal
- 1 borcan de sos de gatit pentru pui
- ¼ lingurita Sare
- ¼ lingurita Piper
- 1½ cană de mazăre congelată
- ½ cană smântână
- 8 uncii tăiței lați de ou, gătiți și scurși

**Directii:**

a)  Într-un castron mare, combinați puiul măcinat, pesmetul, oul, pătrunjelul, praful de ceapă, ¼ de linguriță de sare, ⅛ de linguriță de piper și nucșoară. Formați chiftele de 1½".

b)  Rumeniți chiftele pe toate părțile în ulei vegetal; scurgeți grăsimea. Adăugați sosul, ¼ de linguriță de sare, ⅛ de linguriță de piper și mazăre.

c)  Se fierbe, acoperit, 30 de minute sau până când chiftelele sunt fierte bine; se amestecă din când în când. Adăugați smântână.

## 37. Curcan și chiftele umplute

## Ingredient

- ½ cană de lapte
- 1 ou
- 1 cană amestec de umplutură de pâine de porumb
- ¼ cană țelină tocată mărunt
- 1 lingurita mustar uscat
- 1 kg de curcan măcinat
- 1 cutie de 16 oz sos de afine jeleat
- 1 lingura zahar brun
- 1 lingură sos Worcestershire

## Directii:

a) Încălziți cuptorul la 375 de grade F. Într-un castron mare, combinați laptele și oul; bate bine.

b) Se amestecă amestecul de umplutură, țelina și muștarul; amesteca bine. Adăugați curcan; amesteca bine.

c) Formați 48 de bile (1 inch). Puneți într-o tavă neunsă de 15x10x1 inch.

d) Coaceți la 375 de grade timp de 20 până la 25 de minute sau până când chiftelele sunt rumenite și nu mai sunt roz în centru.

e) Între timp, într-o cratiță mare, combinați toate ingredientele pentru sos; amesteca bine. Se aduce la fierbere la foc mediu. Reduceți căldura la minim; se fierbe 5 minute, amestecând din când în când. Adăugați chiftele la sos; se amestecă ușor pentru a acoperi.

## 38. Chiftele umplute cu brânză

## Ingredient

- 1 lingura ulei de masline
- 2 linguri ceapa taiata cubulete
- 8 uncii Carne macră de vită sau curcan
- 1 lingura sos de soia
- ¼ linguriță de salvie uscată
- 4 uncii de brânză Cheddar sau elvețiană; se taie in 8 cuburi

## Directii:

a) Preîncălziți cuptorul la 325F.

b) Ungeți o tavă de copt puțin adâncă cu puțin ulei de măsline sau spray pentru tigaie.

c) Încinge uleiul într-o tigaie la foc moderat până se încinge, dar nu se fumează. Adăugați ceapa și căleți până se rumenește, aproximativ 10 minute.

d) Combinați ceapa, carnea de vită, sosul de soia și salvia. Împărțiți amestecul în opt părți. Luați o bucată de brânză și acoperiți cu o porție din amestec pentru a forma o formă de chifteluță. Repetați pentru a forma un total de opt chiftele.

e) Pune chiftelutele în tava unsă cu ulei și coace timp de 30 de minute.

## 39. Chiftele la grătar Welsh

## Ingredient

- 1 kg ficat de porc
- 2 kg de carne de porc macră
- 4 uncii (1/2 cană) pesmet de pâine
- 2 Ceapa mare tocata fin
- 2 lingurițe de salvie
- 2 lingurite Cimbru
- 2 lingurite patrunjel uscat
- 1 praf de nucsoara
- Sare si piper dupa gust
- 3 uncii Suet
- Făină pentru praf

## Directii:

a) Tăiați mărunt ficatul (mai ușor de făcut dacă este înghețat) și clătiți cu apă.

b) Adăugați carnea de porc măcinată, pesmetul, ceapa, salvie, cimbru, pătrunjel, nucșoară și sare și piper. Pune puțină făină în fundul unui vas, adaugă sufofa și ungi ușor.

c) Formați bile mai mari decât o chifteluță, dar mai mici decât o minge de tenis. Utilizați un spray de gătit antiaderent pentru a unge un vas rezistent la cuptor de 12 inchi pătrați. Puneți chiftele în vas și acoperiți cu folie. Coacem in cuptorul preincalzit la 400 de grade timp de 40 de minute.

d) Îndepărtați folia și scurgeți grăsimea. Îngroșați grăsimea cu făină sau amidon de porumb pentru a face un sos, adăugați îngroșător aproximativ 1 linguriță o dată pentru a obține consistența dorită și turnați puțin din sos în jurul cărnii.

## 40. Chiftele germane crocante

**Ingredient**

- ½ kg cârnați de porc măcinat
- ¼ cană ceapă, tocată
- 1 cutie 16 Oz varza murata, scursa si tocata
- 2 linguri Pesmet, uscat si fin
- 1 pachet crema de branza, se inmoaie
- 2 linguri patrunjel
- 1 lingurita mustar preparat
- ¼ linguriță de sare de usturoi
- ⅛ linguriță de piper
- 1 cană Mayo
- ¼ cană muștar preparat
- 2 oua
- ¼ cană lapte
- ½ cană de făină
- 1 cană pesmet, fin
- Veg. ulei

**Directii:**

a) Combinați cârnații și ceapa în tigaie și pesmetul.

b) Combinați brânza și următoarele 4 ingrediente într-un castron; adăugați amestecul de cârnați, amestecând bine.

c) Formați amestecul de cârnați în bile de $\frac{3}{4}$"; rulați în făină. Înmuiați fiecare bilă în amestecul de ouă rezervat; rulați bilele în pesmet.

d) Se toarnă ulei la o adâncime de 2" în cuptor; se încălzește la 375 de grade. Se prăjește până se rumenește.

## 41. chiftele mexicane

## Ingredient

- 500 grame carne de vită tocată; (1 lb)
- 500 grame carne de porc tocata; (1 lb)
- 2 catei de usturoi; zdrobit
- 50 grame pesmet alb proaspăt; (2 oz)
- 1 lingura patrunjel proaspat tocat
- 1 ou
- Sare și piper negru proaspăt măcinat
- 2 linguri ulei
- 1 borcan de 275 de grame de gust pentru taco
- 50 de grame de brânză Cheddar; ras (2 oz)

## Directii:

a) Amestecați carnea și usturoiul, pesmetul, pătrunjelul, oul și condimentele și formați 16 bile.

b) Se încălzește uleiul într-o tigaie și se prăjesc chiftelele în reprize să se rumenească peste tot.

c) Transferați într-un vas rezistent la cuptor și turnați peste gustul de taco. Acoperiți și gătiți într-un cuptor preîncălzit 180 C, 350 F, Gas Mark 4 timp de 30 de minute.

d) Se presară peste brânza rasă și se pune din nou în cuptorul neacoperit și se continuă gătitul pentru încă 30 de minute.

## 42. Chiftele în jeleu de struguri

**Ingredient**

- 1 cană pesmet; moale
- 1 cană de lapte
- 2 kg carne de vită tocată
- ¾ de kilograme de porc măcinat; a se sprijini
- ½ cană ceapă; tocat mărunt
- 2 oua; bătut
- 2 lingurite Sare
- 1 lingurita Piper
- ½ lingurita de nucsoara
- ½ linguriță de ienibahar
- ½ linguriță cardamom
- ¼ linguriță de ghimbir
- 2 linguri picurături de slănină
- 8 uncii Jeleu de struguri

**Directii:**

a) Înmuiați pesmetul în lapte timp de o oră. Combinați carnea de vită, porc și ceapa. Adăugați ouăle, laptele, amestecul de pesmet. Adăugați sare, piper și condimente.

b) Se amestecă bine și se bate cu o furculiță. Răciți una până la două ore. Formați bile mici, rulați în făină și rumeniți în slănină sau ulei. Agitați tava sau tigaia grea pentru a rula chiftele în unsoare fierbinte.

c) Puneți într-o oală de vase cu 1 borcan mare de jeleu de struguri și gătiți la LENT timp de o oră.

## 43. Chiftelușe thailandeze picante cu tăiței

## Ingredient

- 1 kg carne de porc măcinată
- 1 ou mare
- ½ cană alune prăjite uscate, tăiate mărunt
- ¼ cană coriandru sau pătrunjel proaspăt tocat
- ¾ lingurita Sare
- Pachet de 1 3 3/4 oz taitei din celofan
- ½ cană de unt de arahide în formă de bucăți
- 1 lingură coajă de lămâie rasă
- ¼ linguriță de piper cayenne roșu măcinat
- 1 castravete mic, feliat
- 1 morcov mic, decojit și tăiat felii subțiri sau tăiat în bețișoare subțiri
- Ulei vegetal Coriandru proaspăt sau crenguțe de pătrunjel,

## Directii:

a) Combinați carnea de porc, oul, alunele măcinate, coriandru tocat și sarea.

b) Formați amestecul în bile de 1". Într-o tigaie de 12" la foc mediu-mare, încălziți 2 linguri de ulei; adăugați chiftele.

Fierbeți aproximativ 12 minute, întorcându-le des până se rumenesc bine pe toate părțile.

c) Între timp, adăugați tăiței.

d) Când chiftelele sunt fierte, amestecați untul de arahide, coaja de lămâie rasă și ardeiul roșu măcinat.

## 44. Sandviş italian cu chiftelute

**Ingredient**

- 1 kg Mandrină măcinată rotundă sau măcinată
- ½ kilograme de porc măcinat
- 1½ cană brânză rasă
- 2 căni pesmet fin uscat
- O mână de pătrunjel zdrobit uscat
- 2 oua
- ¾ cană lapte
- Sare si piper
- 1 litru de sos de roșii și 1 cutie mică de pastă de roșii
- 1 galță Roșii întregi, zdrobite
- Vin roșu
- Carne de porc sarata
- Sare, piper, usturoi sare dupa gust
- Busuioc dulce uscat, Maghiran uscat
- 4 catei de usturoi, tocati

**Directii:**

a) Pregătiți sosul

b) Pregătiți chiftelele: Puneți toate ingredientele, cu excepția laptelui, într-un castron mare și amestecați bine.

c) Formați o porțiune mică din amestecul de carne într-o minge de aproximativ 2" în diametru. Gătiți-le până la o crustă frumoasă la exterior.

## 45. chiftele daneze

## Ingredient

- ½ kilograme de vițel
- ½ kg Carne de porc
- 1 gram Ceapă
- 2 cani de lapte
- Piper dupa gust
- 2 linguri de făină sau 1 cană pesmet
- 1 ou
- Sarat la gust

## Directii:

a) Puneți carnea de vițel și porc împreună printr-o mașină de tocat de 4 sau 5 ori. Adaugati faina sau pesmet, laptele, ou, ceapa, sare si piper. Amestecați bine.

b) Puneți pe tigaie dintr-o lingură mare și prăjiți la foc mic.

c) Se serveste cu unt rumenit, cartofi si varza inabusita.

## 46. Chiftele indoneziene

## Ingredient

- 500 grame carne de porc tocata
- 1 linguriță rădăcină proaspătă de ghimbir ras
- 1 ceapă; tocat foarte fin
- 1 ou; bătut
- ½ cană pesmet proaspăt
- 1 lingura de ulei
- 1 ceapă; tăiate cubulețe
- 1 cățel de usturoi; zdrobit
- 1 linguriță rădăcină proaspătă de ghimbir ras
- ¼ lingurita coriandru macinat
- 1 cutie Cremă redusă Nestle
- 2 linguri nucă de cocos fină
- 4 lingurite sos de soia
- ¼ cană unt de arahide crocant

## Directii:

a) Combinați carnea de porc tocată, rădăcină de ghimbir, ceapa, oul și pesmetul. Amesteca bine.

b) Adăugați chiftelele și gătiți până devin aurii peste tot.

c) Pune untul în tigaie. Adăugați ceapa și gătiți timp de 2-3 minute.

d) Se amestecă usturoiul, pudra de curry de rădăcină de ghimbir și coriandru măcinat.

e) Adăugați rama redusă, apa și nuca de cocos. Se amestecă până la omogenizare, apoi se adaugă sosul de soia și untul de arahide. Adăugați chiftele.

# SUPE DE PERFITEȘTE ȘI TOCINE

## 47. Supă condimentată de chifteluță și escarole de miel

4 până la 6 porții

## Ingrediente

- 1¼ de kilograme de miel măcinat
- 3 catei mari de usturoi, tocati
- 1 lingura coriandru macinat
- 1 lingura chimen macinat
- 2 lingurite de oregano uscat
- 2 lingurite de turmeric macinat
- ½ lingurita boia
- 2¾ lingurițe de sare kosher, plus mai mult după cum este necesar
- 1¼ linguriță de piper negru proaspăt măcinat
- 2 linguri ulei de masline extravirgin
- 2 cepe mari, feliate
- ¼ cană pastă de tomate
- 8 căni bulion (de casă sau de înaltă calitate cumpărat din magazin)
- 1 scarola cu cap mare, ruptă în bucăți de 2 inci

- 1½ cani de fasole gigante sau cannellini fierte sau o cutie de 15,5 uncii, scursa si clatita
- sare de mare fulgioasă (opțional)
- Roți de lămâie, pentru servire

**Directii:**

a) FACEȚI CHITELELE: Într-un castron mare, amestecați mielul, usturoiul, coriandru, chimen, oregano, turmeric, boia de ardei, 1 linguriță de sare și 1 linguriță de piper. Ciupiți câte 1 uncie (2 linguri mici) de amestec de miel pe rând și rulați-l ușor într-o bilă cu mâinile. Se aseaza pe o farfurie si se repeta cu amestecul de miel ramas.

b) Într-o oală mare, încălziți uleiul la foc mediu-mare. Adăugați chiftelele și gătiți până devin maro auriu și crocant pe toate părțile, 7 până la 9 minute. Transferați pe o farfurie. Se toarnă 3 linguri de grăsime din tigaie.

c) FACEȚI SUPA: Adăugați ceapa, ¼ de linguriță de sare și restul de ¼ de linguriță de piper la grăsimea rămasă în oală. Gatiti la foc mediu-mare, amestecand des, pana ce ceapa devine aurie si totul se inmoaie, 8-10 minute. Adăugați pasta de roșii și gătiți, amestecând continuu, timp de aproximativ 1 minut pentru a găti aroma de roșii crude. Adăugați bulionul și 1 linguriță de sare și aduceți la fiert.

d) Adăugați scarola, fasolea, chiftelele și restul de ¼ de linguriță de sare și readuceți supa la fiert. Gatiti pana cand scarola s-a ofilit si chiftelele s-au fiert, inca 4-6 minute. Gustați și asezonați cu sare și piper.

e) Puneți o oală în boluri, stropiți cu sare de mare (dacă doriți) și serviți alături de o felie de lămâie.

## 48. Supă de perisoare de căprioară

## Ingredient

- ½ kilograme de căprioară slabă sau miel,
- Pământ de două ori
- ½ cană de orez fiert
- ¼ cană ceapă tocată mărunt
- ¼ cană pătrunjel tocat mărunt
- 2 conserve bulion de pui condensat
- (10-1/2 uncii fiecare)
- 2 bidoane de apă
- ⅓ cană suc de lămâie
- 2 oua
- Sare piper

## Directii:

a) Combinați primele patru ingrediente. Formați bile de ¾ inch. Se încălzește bulionul și apa până la punctul de fierbere.

b) Adăugați chiftele; fierbeți 15 până la 20 de minute. Intr-o supa se bate sucul de lamaie si ouale pana se omogenizeaza.

c) Se bat treptat în bulion fierbinte. Adăugați chiftele la sfârșit. Se condimentează după gust cu sare, piper.

## 49. Stroganoff chiftele

Porții: 6

**Ingrediente:**

- 1/2 - 24 oz. pungă de chiftelușe de vită, dezghețate
- 10 oz. supa crema de pui
- 1/2 cană supă de pui sau apă
- 10 oz. ciuperci feliate, scurse
- 1/2 cană smântână
- taitei lati cu ou, fierti
- marar proaspăt, tocat

**Directii:**

a) Dezghețați chiftelele în cuptorul cu microunde 2 - 3 minute.

b) Combinați supa și bulionul într-o cratiță mare și încălziți, amestecând constant.

c) Adăugați chiftele și ciupercile, acoperiți și fierbeți la foc mic timp de 10 minute. Se adauga smantana si se incalzeste, fara sa fiarba.

d) Se pune peste tăiței și se stropește cu mărar.

## 50. Chiftele de ceapă franțuzească

Porții: 10-12

**Ingrediente:**

- 1 - 26 oz. pungă de carne de vită
- 1 pachet amestec de supă de ceapă uscată
- 1 conserva supa crema de ciuperci
- 1 conserva supa cremoasa de ceapa sau supa frantuzeasca de ceapa
- 1 cutie de apă

**Directii:**

a) Pune chiftele în aragazul lent de la congelator.

b) Într-un castron de mărime medie, amestecați amestecul de supă, supa conservată și apa. Se toarnă peste chiftele și se amestecă.

c) Gătiți la foc mic timp de aproximativ 4 până la 6 ore SAU la foc mare timp de aproximativ 2 până la 3 ore, amestecând ocazional.

d) Serviți peste tăiței cu ou sau ca aperitiv cu scobitori.

# 51. Stracciatelle cu chiftele

**Ingredient**

- 1 litru supă de pui
- 2 căni de apă
- ½ cană Pastina
- 1 lingurita patrunjel proaspat, tocat
- ½ kilograme de carne de vită macră
- 1 ou
- 2 lingurițe Pesmet de pâine aromatizat
- 1 lingurita branza rasa
- 1 morcov, feliat subțire
- ½ kilograme de spanac, doar frunzele
- Partea julienne
- 2 lingurițe pătrunjel proaspăt, tocat
- 1 ceapa mica, tocata
- 2 oua
- Cașcaval ras

**Directii:**

a)  Într-o oală de supă, amestecați Ingredientele supei și aduceți la fierbere scăzut. Amestecați carnea Ingrediente într-un castron, multe chiftelute mici și aruncați în amestecul de bulion clocotit.

b)  Într-un castron mic, bate 2 ouă. Cu o lingură de lemn, amestecați supa în timp ce introduceți încet ouăle, amestecând constant. Se ia de pe foc. Acoperiți și lăsați să stea 2 minute.

c)  Serviți cu brânză rasă.

## 52. Supa de chiftelute si ravioli

**Ingredient**

- 1 lingură ulei de măsline sau ulei de salată
- 1 ceapă mare; tocat mărunt
- 1 cățel de usturoi; tocat
- 28 uncii Roșii conservate; tocat
- ¼ cană pastă de tomate
- 13¾ uncie bulion de vită
- ½ cană vin roșu sec
- Ciupiți Busuioc uscat, cimbru și oregano
- 12 uncii Ravioli; umplut cu brânză
- ¼ cană pătrunjel; tocat
- Branza parmezan; răzuit
- 1 ou
- ¼ cană pesmet moale
- ¾ linguriță sare de ceapă
- 1 cățel de usturoi; tocat
- 1 kg carne de vită macră

**Directii:**

a) Se rumenesc chiftelele cu grijă în ulei încălzit.

b) Amestecați ceapa și usturoiul și gătiți aproximativ 5 minute, având grijă să nu rupeți chiftele. Adăugați roșiile și lichidul lor, pastă de roșii, bulion, vin, apă, zahăr, busuioc, cimbru și oregano. Adăugați ravioli

## 53. Supă bulgărească de chiftele

Randament: 8 portii

## Ingredient

- 1 kg carne de vită tocată
- 6 linguri de orez
- 1 lingurita Boia
- 1 lingurita Ciment uscat
- Sare piper
- Făină
- 6 căni de apă
- 2 cuburi de bulion de vita
- ½ legătură ceapă verde; feliate
- 1 ardei gras verde; tocat
- 2 morcovi; decojite, feliate subțiri
- 3 roșii; decojite si tocate
- 1 Sm. ardei iute galben, despicat
- ½ buchet patrunjel; tocat
- 1 ou

- 1 lămâie (numai suc)

**Directii:**

a) Combinați carnea de vită, orezul, boia de ardei și savurosul. Se asezoneaza dupa gust cu sare si piper. Se amestecă ușor, dar bine. Formați bile de 1 inch.

b) Combinați apa, cuburi de bulion, 1 lingură de sare, 1 linguriță de piper, ceapa verde, ardeiul verde, morcovii și roșiile într-un ceainic mare.

c) Acoperiți, aduceți la fiert, reduceți focul și fierbeți 30 de minute.

## 54. Supă mexicană de chiftelușe cu tortilla

**Ingredient**

- 1½ kg Carne de vită macră
- Legume

**Directii:**

a) Combinați carnea de vită tocată cu coriandru, usturoi, sucul de lămâie, chimen, sosul iute și sare și piper. Formați bile de 1 uncie.

b) Gatiti pana se rumenesc pe toate partile, aproximativ 5 minute.

c) Supă: Într-o oală mare de supă, încălziți 2 linguri de ulei vegetal. Adăugați ceapa și usturoiul.

d) Adăugați ardei iute și gătiți 2 minute. Adăugați roșiile și sucul acestora, supa de pui, pudra de chili, chimenul și sosul iute. Se fierbe timp de 15 până la 20 de minute.

e) Într-un castron mic, combinați făina și supa de pui. Se amestecă în supă. Se aduce înapoi la fierbere. Reduceți focul și fierbeți timp de 5 minute. Adăugați chiftele și fierbeți încă 5 minute.

## 55. Supă de chiftele cu lămâie

## Ingredient

- 1 kg carne de vită tocată
- 6 linguri de orez
- 1 lingurita Boia
- 1 lingurita Ciment uscat
- Sare piper
- Făină
- 6 căni de apă
- 2 cuburi de bulion de vita
- ½ legătură ceapă verde; feliate
- 1 ardei gras verde; tocat
- 2 morcovi; decojite, tăiate felii subțiri
- 3 roșii; decojite si tocate
- 1 Sm. ardei iute galben, despicat
- ½ buchet patrunjel; tocat
- 1 ou
- 1 lămâie (numai suc)

## Directii:

a) Combinați carnea de vită, orezul, boia de ardei și savurosul. Se asezoneaza dupa gust cu sare si piper. Se amestecă ușor, dar bine. Formați bile de 1 inch, apoi rulați în făină.

b) Combinați apa, cuburi de bulion, 1 lingură de sare, 1 linguriță de piper, ceapa verde, ardeiul verde, morcovii și roșiile într-un ceainic mare. Acoperiți, aduceți la fiert, reduceți focul și fierbeți 30 de minute.

c) Adăugați chiftele, acoperiți și aduceți din nou la fiert. Reduceți focul și fierbeți 20 de minute. Adăugați ardei iute și fierbeți, acoperit, 40 de minute sau până când orezul este fiert. Adăugați pătrunjel în ultimele 5 minute de gătire.

## 56. Supă bulgărească de chiftele

## Ingredient

- 1 kg carne de vită tocată
- 6 linguri de orez
- 1 lingurita Boia
- 1 lingurita Ciment uscat
- Sare piper
- 2 cuburi de bulion de vita
- ½ legătură ceapă verde; feliate
- 1 ardei gras verde; tocat
- 2 morcovi; curățați, tăiați felii subțiri
- 3 roșii; decojite si tocate
- 1 Sm. ardei iute galben, despicat
- ½ buchet patrunjel; tocat
- 1 ou
- 1 lămâie (numai suc)

## Directii:

a) Combinați carnea de vită, orezul, boia de ardei și savurosul. Se asezoneaza dupa gust cu sare si piper.

b)  Formați bile de 1 inch, apoi rulați în făină.

c)  Combinați apa, cuburi de bulion, 1 lingură de sare, 1 linguriță de piper, ceapa verde, ardeiul verde, morcovii și roșiile într-un ceainic mare.

d)  Acoperiți, aduceți la fiert, reduceți focul și fierbeți 30 de minute. Adăugați chiftele, acoperiți și aduceți din nou la fiert. Amestecați 1 până la 2 linguri de supă fierbinte în amestecul de ouă, apoi amestecați amestecul de ouă în supă.

e)  Se încălzește și se amestecă până când supa se îngroașă ușor, dar nu se lasă să fiarbă.

## 57. Supă asiatică de chiftele

## Ingredient

- 2 litri supa de pui
- ¼ de kilograme de porc măcinat
- 1 lingură de ceață tocată
- 1 lingura sos de soia
- 1 lingurita ghimbir tocat fin
- 1 lingurita ulei de susan

## Rulouri de creveți:

- ¼ de kilograme de creveți măcinați
- ½ ceasca taitei celofan, fierti
- 1½ linguriță sos de soia
- 1 lingurita Ceapa verde tocata
- 1 lingurita usturoi tocat
- 6 frunze de varză Napa
- 6 verdeturi lungi de ceai verde
- Ceai verde tocat, pentru Garnitură

## Directii:

a) Într-o oală de supă încălziți încet supa de pui la fiert. Faceți chiftelute: combinați ingredientele și formați bile de ⅓inch.

b) Faceți rulouri de creveți: combinați creveții și următoarele 4 ingrediente. Întindeți frunze de varză, strângeți 1½ linguriță de umplutură în centru și pliați ca un rulou de ouă; legați bine cu o ceață.

c) Puneți cu grijă chiftele și rulourile de creveți în bulionul fiert. Gatiti la foc mic, 15 minute.

d) Aruncați niște cepți tăiați în oală de supă, ajustați condimentele și serviți.

## 58. Supă de chifteluță cu ghimbir și creson

## Ingredient

- 1 cutie (8 uncii) castane de apă
- 1 kg carne de porc macră măcinată fin
- 4½ linguriță de ghimbir proaspăt curățat și tocat
- 1 piper alb măcinat, după gust
- 1½ linguriță sos de soia
- 2⅛ linguriță amidon de porumb
- Sarat la gust
- 5 căni de bulion de legume
- 5 căni de supă de pui
- 1 Sare
- 1 piper negru proaspăt măcinat
- 2 ciorchini de nasturel, tocat
- 3 Ceapa verde, tocata marunt

## Directii:

a) Chifteluțe: Toacă mărunt 12 din castane de apă. Păstrează-le pe cele rămase pentru ornat. Combinați carnea de porc, ghimbirul, castanele de apă tocate, sosul de soia, amidonul de porumb, sare și piper. Se amestecă bine și se formează bile de ¾ inch în diametru.

b) Supă: Aduceți supa de legume și supa de pui la fiert într-o oală mare. Puneți o pătrime din chiftele în bulion și braconați până se ridică la vârf.

c) Se condimenteaza cu sare si piper negru dupa gust. Dați căldura la mediu scăzut. Adauga nasturelul si ceapa verde.

d) Gatiti, neacoperit, timp de cateva minute, pana cand cresonul este usor ofilit.

## 59. Tocană italiană de chiftelușe

**Ingredient**

- 1½ kg Carne de vită macră
- ½ cană pesmet fin
- 2 ouă bătute
- ¼ cană lapte
- 2 linguri parmezan ras
- 1 lingurita Sare/Piper
- ⅛ linguriță de sare de usturoi
- 2 morcovi curățați și tăiați
- 6 uncii Pastă de tomate
- 1 cană bulion de vită
- ½ lingurita oregano
- 1 lingurita Sare condimentata
- ½ lingurita Busuioc
- 10 uncii Frozen în stil italian
- Legume parțial decongelate

**Directii:**

a) Combinați carnea de vită cu pesmet, ouă, lapte, brânză, sare, sare de usturoi și piper. Formați bile de 2 inci. Puneți morcovii în fundul oalei cu gătit lent.

b) Aranjați chiftele peste morcovi. Combinați pasta de roșii cu apă, boullion, oregano, sare condimentată și busuioc. Se toarnă peste carne. Acoperiți și gătiți la foc mic timp de 4 până la 6 ore.

c) Acoperiți și gătiți la foc mare timp de 15 până la 20 de minute sau până când legumele sunt fragede.

## 60. Chiftele în sos de smântână

## Ingredient

- 8 uncii carne de vită măcinată rotundă
- 8 uncii carne de porc macră sau umăr de vițel
- 1 ceapa galbena mica; tocat mărunt
- ½ linguriță Sare, piper negru
- ¼ linguriță de cimbru uscat; sfărâmat
- ¼ linguriță de maghiran sau oregano; sfărâmat
- ¼ linguriță nucșoară măcinată
- 1½ cană pesmet proaspăt
- 2 linguri de unt
- 2 linguri făină universală
- 1½ cană supă de vită
- 2 linguri mărar tăiat -sau-
- 2 lingurite iarba de marar uscata
- ½ cană smântână grea sau ușoară

## Directii:

a) Intr-un castron amestecati carnea de vita, porc, ceapa, sare, piper, cimbru, maghiran, nucsoara, pesmet si apa cu mainile.

b)  Formați amestecul în bile de 2 inci. Se prajesc pe fiecare parte sau pana se rumenesc usor.

c)  Pentru a pregăti sosul, topește untul într-o tigaie grea de 10 inci la foc moderat. Amestecați făina pentru a obține o pastă netedă. Transferați chiftelele în sos.

d)  Se amestecă mararul și se adaugă smântâna și se amestecă până atunci sosul este omogen, aproximativ 1 minut. Adăugați un fard de boia de ardei și mărar. Se serveste cu cartofi sau taitei cu ou unsi.

# 61. Sopa de albondigas

## Ingredient

- 1 ceapa tocata
- 1 cățel usturoi tocat
- 2 linguri ulei
- ¾ de kilograme de carne de vită
- ¾ de kilograme de porc măcinat
- ⅓ cană orez crud
- 1½ linguriță de sare
- 4 uncii Sos de rosii
- 3 litri Stof de vită
- ¼ lingurita Piper
- 1 ou ușor bătut
- 1 lingura frunze de menta tocate

## Directii:

a) Se ofilește ceapa și usturoiul în ulei; se adauga sosul de rosii si supa de vita. Se încălzește până la punctul de fierbere.

b) Amestecați carnea cu orezul, oul, menta, sare și piper; formați bile mici.

c) Puneți în bulion clocotit. Acoperiți strâns și gătiți 30 de minute. Va îngheța frumos.

# SALATE DE PERFECTE

## 62. Chifteluțe daneze cu salată de castraveți

## Ingredient

- 1½ kilograme de vițel măcinat și carne de porc
- 1 ceapă
- 2 linguri Faina
- 2 linguri Pesmet; uscat
- 2 oua
- Sare si piper

Pentru salata de castraveti

- 1 castravete
- 2 cani de otet
- 2 căni de zahăr
- 2 căni de apă
- Sare si piper

## Directii:

a) Pune într-un castron carnea de vițel și porc măcinate, adaugă oul, făina și pesmetul uscat.

b) Se amestecă și se amestecă în ceapa tocată fin. Se adauga sare si piper dupa gust. Pune untul pe o tigaie fierbinte.

c) Prăjiți chiftele. Serviți cu pâine brună daneză și unt și salată de castraveți.

## 63. Salată orientală de chiftele

## Ingredient

- ½ cană de lapte
- 2 oua
- 3 căni pesmet moale
- 1 lingurita Sare de ceapa
- 1 kg carne de vită tocată
- 2 lingurite ulei de arahide
- 8¼ uncie bucăți de ananas
- 2 ardei verzi
- 2 morcovi
- 2 tulpini de țelină
- ½ cană zahăr brun, ambalat
- 2 linguri amidon de porumb
- ½ cană de vin alb sec, ½ cană de oțet
- 2 linguri sos de soia
- 2 roșii, tăiate și salată verde mărunțită

## Directii:

a) Combinați ouăle și laptele, adăugați pesmet, sare de ceapă și $\frac{1}{8}$ linguriță de piper. Se adauga carnea de vita si se amesteca bine. Formați amestecul în chiftele. Gatiti chiftele.

b) Combinați bucățile de ananas, ardeiul verde, morcovul, țelina și chiftelele; pus deoparte.

c) Într-o cratiță mică combinați zahărul brun și amidonul de porumb; se amestecă $\frac{3}{4}$ de cană de lichid de ananas, vin, oțet și sos de soia. Gatiti si amestecati pana se ingroasa si clocotesc. Turnați amestecul fierbinte peste amestecul de chiftele.

# 64. Chiftele cu salata de rosii

Porții 2

## Ingrediente

- 500 g carne tocată de vită
- 1 cană (70 g) pesmet proaspăt
- 1 ceapa maro, rasa grosier
- 3 lingurite condimente marocane
- ⅓cană (65 g) de orz perlat
- 350 g rosii amestecate, tocate grosier
- 1 castravete libanez, tocat grosier
- 1 cană frunze de pătrunjel cu frunze plate

- 1/2 cană frunze de mentă
- 2 lingurite ulei de masline
- 200 g Coles Hommus Dip
- 1/4 cană (40 g) semințe de rodie

**Sos de iaurt cu mărar**

- 1 cană (280 g) iaurt în stil grecesc
- 1/2 cană frunze de mentă
- 2 linguri de mărar tocat grosier
- 2 linguri suc de lamaie

a) Tapetați o tavă de copt cu hârtie de copt. Puneți carnea tocată, pesmetul, ceapa și condimentele marocane într-un castron mare. Sezon. Folosește-ți mâinile pentru a amesteca până se combină bine. Rulați linguri de amestec de tocat în bile. Se aseaza pe tava tapetata. Pune la frigider pentru 30 de minute pentru a se răci.

b) Între timp, fierbeți orzul într-o cratiță mare cu apă clocotită timp de 20 de minute sau până când se înmoaie. Reîmprospătați sub apă rece. Scurgeți bine.

c)  Pune orzul într-un castron mare. Adăugați roșia, castravetele, pătrunjelul și menta. Se amestecă pentru a combina.

d)  Încinge uleiul într-o tigaie mare la foc mare. Adăugați chiftelele și gătiți, întorcându-le din când în când, timp de 10 minute sau până când devin maro auriu și sunt fierte. Se lasa deoparte 5 minute sa se odihneasca.

e)  Pentru a face sosul de iaurt cu mărar, amestecați iaurtul, menta, mărarul și sucul de lămâie într-un blender până la omogenizare. Sezon.

f)  Turnați hummus-ul pe un platou de servire. Acoperiți cu amestec de orz, chiftele și semințe de rodie. Stropiți cu sos de iaurt cu mărar.

# BURGER, WRAP-URI ȘI SANDWICHE-uri

## 65. Chiliură de porc cu chili glazurat cu soia Bánh Mì

Randament: 6 sandvișuri

## Ingrediente:

### Pentru Sandviș:

- 6 baghete mici cu crusta

### Pentru chiftelele de porc cu ardei iute glazurate cu soia:

- 3 1/3 uncii de sos de soia închis (pentru glazura de la sfârșit)
- 17 uncii tocată de porc
- 1 ardei iute roșu iute proaspăt tocat (fără semințe)
- 3 cepe primavara taiate marunt
- 1 lingurita de mustar integral
- Un praf de sare si piper
- Un praf de boia
- Pentru maioneza cu usturoi prăjit lent:
- 6 catei de usturoi (se lasa nedecojiti)
- 1 borcan mic de maioneza (aproximativ 200 grame)
- Un praf de sare de mare
- Ulei de măsline pentru a picura

**Pentru morcovi murati:**

- 2 morcovi mari (curățați și spălați)
- 6 3/4 uncii oțet de vin alb
- 3 1/3 uncii de apă
- 1 lingura de zahar alb
- 5 păstăi de cardamom
- 2 cuișoare
- 1 anason stelat

**Pentru gust de roșii și piper negru:**

- 1 cutie de rosii tocate (400 g)
- 2 linguri de sos de soia închis la culoare
- 1 lingurita de fulgi de chili
- 10 boabe de piper negru
- 2 linguri de otet balsamic
- 1 lingura de zahar brun

**Pentru amestecul de coriandru și ceapă de primăvară:**

- 1 legatura de ceapa primavara
- 1 buchet de coriandru

Directii:

Pentru chiftelele de porc cu chili glazurate cu soia:

a) Adăugați carnea tocată de porc într-un castron, adăugați toate celelalte ingrediente (în afară de sosul de soia) și amestecați bine.

b) Împărțiți amestecul în 18 bile egale.

c) Într-o tigaie/tigaie preîncălzită, adăugați un strop de ulei de gătit și prăjiți biluțele de porc la foc mic până la mediu, timp de 15 minute, asigurându-vă că biluțele de porc devin crocante și carnea de porc este gătită.

d) Odată ce biluțele de porc sunt crocante și gătite, scurgeți cu grijă orice exces de grăsime din tigaie și adăugați 3 1/3 uncii de sos de soia închis la culoare. La foc mic, lasam bilutele de porc sa se glazureze incet in sosul de soia, amestecand usor si uniform. După câteva minute, sosul de soia se va reduce cu chiftele de porc și va deveni mai lipicios. Acesta este momentul în care știi că sunt gata de servit!

Pentru maioneza cu usturoi prăjit lent:

e) Preîncălziți cuptorul la 320 de grade.

f) Așezați o bucată de folie de staniol pe o tavă de cuptor și puneți cățeii de usturoi peste ea și stropiți cu puțin ulei de măsline, adăugați un praf de sare de mare și înveliți cățeii în folie și introduceți la cuptor. tava timp de aproximativ 30 până la 40 de minute (cățeii de usturoi trebuie să fie moi și să miros minunat).

g) După ce cățeii de usturoi sunt copți, lăsați să se răcească puțin, apoi stoarceți cățeii de coajă și într-un bol și amestecați bine cu maioneza.

h) Pune deoparte la frigider.

**Pentru morcovi murati:**

i) Începeți prin a tăia morcovii în bucăți subțiri, asemănătoare unui băț.

j) Apoi, într-o cratiță, adăugați apa, oțetul, zahărul, cuișoarele, anasonul stelat și cardamomul și aduceți la fiert.

k) Adăugați morcovii tăiați felii în tigaie și reduceți focul la fiert.

l) Se fierbe timp de aproximativ 15 până la 20 de minute

m) Apoi se oprește și se lasă să se răcească, apoi se decantează în borcane sau un recipient de plastic și se lasă deoparte la frigider.

**Pentru gust de roșii și piper negru:**

n) Adăugați toate ingredientele într-o tigaie și aduceți la foc mic timp de aproximativ 25 până la 30 de minute.

o) Se lasa sa se raceasca si se da deoparte la frigider.

p)  După ce aveți pregătite următoarele componente, tot ce trebuie să faceți este să pregătiți următoarele:

**Pentru amestecul de coriandru și ceapă de primăvară:**

q)  Spălați mai întâi ceapa primăvară și coriandru proaspăt. Apoi toacă ceapa primăvară fin la un unghi și toacă lejer coriandru, apoi amestecă.

r)  Acum că toate ingredientele sunt gata, vă puteți prepara chiftelele de porc glazurate cu soia bánh mì.

**Construirea sandvișului:**

s)  Începeți prin a tăia rulourile cu crustă și a întinde o lingură de maioneză cu usturoi prăjit pe ambele părți și o lingură de gust de roșii și piper negru pe ambele părți.

t)  Puneți trei chiftele glazurate cu soia în rulou și adăugați o lingură de morcovi murați.

u)  Presărați apoi amestecul de coriandru proaspăt și ceapă primăvară deasupra și bucurați-vă!

## 66. Meatball Sub

PORȚII 4 porții

## Ingrediente

- 16 chiftele congelate sau făcute în casă mai jos
- 2 cani de sos pentru paste sau sos marinara
- 4 rulouri
- 4 linguri de unt de usturoi
- 1 cană brânză provolone sau mozzarella mărunțită
- Chiftelute (sau folosiți chiftelute congelate, dacă preferați)
- 1 kilogram carne de vită macră
- 1 ou
- ½ cană pesmet asezonat
- ½ linguriță de condimente italiene
- ½ lingurita praf de ceapa
- sare si piper dupa gust

## Directii:

a) Pregătiți chiftelute conform instrucțiunilor de pe ambalaj sau pentru chiftelute de casă, combinați toate ingredientele pentru chiftelute.

b) Rulați în bile de 1" și puneți-le pe o tavă tapetată cu pergament. Coaceți la 350°F timp de 20 de minute sau până când sunt fierte.

c) Puneți chiftele fierte într-o cratiță cu sos de paste și fierbeți acoperit 10 minute.

d) Între timp, întindeți unt de usturoi în fiecare rulou. Se încălzește broilerul și rulourile la grătar până devin aurii, aproximativ 3 minute.

e) Aranjați rulourile într-o tavă de copt de 9x13. Puneți 4 chiftelute în fiecare rulou și acoperiți cu puțin sos și brânză.

f) Se prăjește 2-3 minute sau până când brânza se topește. Serviți cu sos suplimentar pentru înmuiere, dacă doriți.

## 67. Submarin cu minge de legume

**Ingredient**

- 1 cană granule Tvp
- 1 cană apă clocotită
- ½ cană pesmet
- ¼ cană făină integrală
- ½ lingurita Sare
- ¼ linguriță Cayenne
- 1 lingurita Salvie
- ½ linguriță Fenicul
- 1 lingurita Oregano
- ½ linguriță pudră de usturoi
- ½ linguriță de cimbru
- 1 lingurita ulei de masline
- 4 role submarine (individuale)
- 1 cană sos spaghetti, încălzit
- 2 ardei gras verzi medii, prăjiți

**Directii:**

a) Combinați TVP și apa clocotită și lăsați să stea până când apa se absoarbe, aproximativ 5 minute. Adăugați pesmet, făină, sare, cayenne, salvie, fenicul, oregano, usturoi și cimbru. Amesteca bine.

b) Formați amestecul TVP în 12 bile. Frecați ulei de măsline pe palme și rulați fiecare minge în mâini pentru a le acoperi. Puneți pe o foaie de biscuiți unsă ușor cu ulei și puneți la grătar până se rumenesc, 10 minute.

c) Puneți trei bile în fiecare rolă și acoperiți cu sos și ardei.

## 68. Bile de hamburger cu șuncă cu igname

## Ingredient

- 2 cesti sunca macinata; (aproximativ 1/2 lb)
- ½ kilograme Mandrină la pământ
- 1 cană pesmet de grâu integral
- 1 ou; bătut
- ¼ cană ceapă tocată
- 2 linguri seminte de floarea soarelui sarate -SAU-
- ½ lingurita Sare
- 2 conserve (23 oz fiecare) igname; se scurge si se taie cubulete
- ½ cană sirop de porumb negru
- ½ cană suc de mere sau suc de ananas
- ¼ lingurita de nucsoara
- 1 lingura amidon de porumb

## Directii:

a) Amestecați bine carnea măcinată, pesmetul, ouăle, ceapa și semințele de floarea soarelui.

b)  Formați 12 până la 16 chiftele. Așezați pe grătar în tigaie pentru broiler. Coaceți chiftele în cuptorul preîncălzit la 425 de grade timp de 15 minute.

c)  Pune igname în Crock-Pot. Combinați siropul de porumb, sucul și nucșoara și turnați jumătate peste igname. Peste igname se pune chiftele rumenite și se pune deasupra sosul rămas. Acoperiți și gătiți la setare joasă timp de 5 până la 6 ore.

d)  Transferați chiftele în vasul de servire; puneți ignamele într-un bol de servire și păstrați-l la cald. Se amestecă amidonul de porumb în sos. Acoperiți și gătiți la setare mare până se îngroașă; se toarnă peste igname înainte de servire.

## 69. Sandvișuri calde de chiftelute

**Ingredient**

- 26 uncii sos de spaghete; împărțit
- ½ cană pesmet proaspăt
- 1 ceapa mica; tocat mărunt
- ¼ cană parmezan ras sau brânză Romano
- 1 ou
- 1 lingurita Fulgi de patrunjel uscat
- 1 lingurita praf de usturoi
- 1 kg carne de vită tocată
- 4 rulouri italiene pentru sandvișuri

**Directii:**

a) Combină totul.

## 70. Subs. chiftelute-vinete

**Ingredient**

- 1 kg carne de vită măcinată
- 14 uncii sos de spaghete condimentat cu busuioc; 1 borcan
- 1 vinete medie
- 4½ linguri de ulei de măsline; Împărțit
- 1 ceapa rosie medie
- ¼ de kilograme de ciuperci
- 4 baghete; 6-8 inci lungime
- 4 uncii de brânză provolone; 4 felii

**Directii:**

a) Tăiați vinetele în fripturi de ½ până la ¾ inch și puneți-le pe o farfurie, stropindu-le cu sare și lăsați să se scurgă timp de 30 de minute.

b) Formați carnea de vită în douăsprezece chiftele cu diametrul de 1½ inch. Gătiți-le într-o oală, la foc mic, rotindu-le des pentru a se rumeni uniform și pentru a nu se lipi. adăugați sosul de spaghete. Se lasă să fiarbă la foc mic pentru a se asigura că chiftelele sunt bine făcute.

c) Încinge 3 linguri de ulei de măsline și căliți ușor vinetele la foc mediu.

d) Se presara cu sare si piper dupa gust.

e) Gatiti 4 minute si apoi adaugati ciupercile.

f) Taiati baghetele pe lungime si straturi bucatile de paine de jos cu un strat subtire de fripturi de vinete si apoi acoperiti cu 3 chiftelute.

g) Se pune o cantitate generoasă din sosurile de spaghete în plus și se distribuie amplu ceapa și ciupercile peste chiftele.

# 71. Sandvișuri eroi de chiftelute

## Ingredient

- Spray antiaderent cu ulei vegetal
- 1½ kg Carne de vită macră
- ½ cană parmezan ras
- 2 oua
- ¼ cană pătrunjel proaspăt tocat
- ¼ cană fulgi de porumb zdrobiți
- 3 catei de usturoi; tocat
- 2½ linguriță oregano uscat
- ½ lingurita piper alb macinat
- ½ lingurita Sare
- 3 cani Sos marinara achizitionat
- 6 rulouri lungi italiene sau franceze; despicat pe lungime, prajit
- 6 porții

## Directii:

a) Un sandviș clasic care va satisface garantat, fie că este servit ca prânz de weekend sau ca o cină ușoară în noaptea de săptămână.

b) Combinați carnea de vită, parmezanul ras, ouăle, pătrunjelul proaspăt tocat, fulgii de porumb zdrobit, usturoiul tocat, oregano uscat, piperul alb măcinat și sarea într-un castron mare și amestecați bine.

c) Folosind mâinile umezite, modelați amestecul de carne în rondele de $1\frac{1}{2}$ inch și așezați-o pe foaia pregătită, la distanță uniformă.

d) Coaceți chiftele până când sunt ferme la atingere.

## 72. Subs. chiftelute-vinete

## Ingredient

- 1 kg carne de vită măcinată
- 14 uncii sos de spaghete condimentat cu busuioc; 1 borcan
- 1 vinete medie
- 4½ linguri de ulei de măsline; Împărțit
- 1 ceapa rosie medie
- ¼ de kilograme de ciuperci
- 4 rulouri sau baghete cu pâine franțuzească; 6-8 inci lungime
- 4 uncii de brânză provolone; 4 felii

## Directii:

a) Tăiați vinetele în fripturi de ½ până la ¾ inch și puneți-le pe o farfurie, stropindu-le cu sare și lăsați să se scurgă timp de 30 de minute.

b) Formați carnea de vită în douăsprezece chiftele cu diametrul de 1½ inch. Gătiți-le într-o oală, la foc mic, rotindu-le des pentru a se rumeni uniform și pentru a nu se lipi.

c) Tăiați ceapa în rondele subțiri și tăiați grosier ciupercile în bucăți neregulate și lăsați-le deoparte.

d) Clătiți bine fripturile de vinete și apoi uscați-le. Se încălzesc 3 linguri de ulei de măsline și se călesc ușor vinetele la foc mediu,

e) Se presara cu sare si piper dupa gust. Se ia de pe foc si se lasa la scurs.

f) Gatiti 4 minute si apoi adaugati ciupercile.

g) Tăiați baghetele pe lungime și despărțiți vârfurile de fund. Puneți bucățile de jos de pâine cu un strat subțire de fripturi de vinete și apoi acoperiți cu 3 chiftele.

**Chiftelă și paste**

## 73. Rigatoni și chiftele la cuptor

## Ingredient

- 3½ cană paste Rigatoni
- 1⅓cană Mozzarella, mărunțită
- 3 linguri de parmezan, proaspăt ras
- 1 kg de curcan măcinat

## Directii:

a) Chifteluțe: În castron, bate ușor oul; se amestecă ceapa, pesmet, usturoi, parmezan, oregano, sare și piper. Se amestecă în curcan.

b) Formează bile linguri grămadă.

c) Într-o tigaie mare, încălziți uleiul la foc mediu-mare; gătiți chiftele, în reprize dacă este necesar, timp de 8-10 minute sau până se rumenesc pe toate părțile.

d) Adăugați ceapa, usturoiul, ciupercile, ardeiul verde, busuioc, zahărul, oregano, sare, piper și apă în tigaie; gătiți la foc mediu, amestecând din când în când, timp de aproximativ 10 minute sau până când legumele se înmoaie. Se amestecă roșiile și pasta de tomate; aduce la fiert. Adăugați chiftele

e) Între timp, într-o oală mare cu apă clocotită cu sare, gătiți rigatoni. Transferați într-o tavă de copt de 11 x 7 inci sau o caserolă de cuptor de 8 cești.

f) Presărați mozzarella, apoi parmezan uniform deasupra. Coace

## 74. Penne la cuptor cu chiftele de curcan

**Ingredient**

- 1 kg de curcan măcinat
- 1 cățel mare de usturoi; tocat
- ¾ cană pesmet proaspăt
- ½ cană ceapă tocată mărunt
- 3 linguri nuci de pin; prăjită
- ½ cană frunze de pătrunjel proaspăt tocat
- 1 ou mare; bătută ușor
- 1 lingurita Sare
- 1 lingurita piper negru
- 4 linguri ulei de masline
- 1 kg Penne
- 1½ cană brânză mozzarella rasă grosier
- 1 cană brânză romano proaspăt rasă
- 6 cesti sos de rosii
- 1 container; (15 oz) brânză ricotta

**Directii:**

a) Într-un castron, amestecați bine curcanul, usturoiul, pesmetul, ceapa, nucile de pin, pătrunjelul, ou, sare și piper și formați chiftele și gătiți.

b) Gatiti pastele

c) Într-un castron mic amestecați mozzarella și Romano. Pune aproximativ $1\frac{1}{2}$ cană de sos de roșii și jumătate de chiftelute în vasul pregătit și pune deasupra jumătate de paste.

d) Întindeți jumătate de sos rămas și jumătate de amestec de brânză peste paste. Acoperiți cu chiftelutele rămase și aruncați cuburi de ricotta peste chiftele. Coaceți penne în mijlocul cuptorului timp de 30 până la 35 de minute.

## 75. Chiftele și macaroane scurte

## Ingredient

- 1 ceapa taiata marunt
- 1 cană țelină tăiată cubulețe
- 2 morcovi; tăiați cum doriți, până la 3
- 2 linguri piure de rosii
- 3 căni de apă
- Sare
- Piper
- frunza de dafin
- 2 linguri ulei; pana la 3
- 1 kg Carne tocată; (cel mai bun este curcanul)
- 1 felie Chala înmuiată; scurs si pasat
- 3 ouă
- Niste faina

## Directii:

a) Sos: într-o oală mare se încălzește uleiul, se adaugă ceapa, țelina, morcovii, piureul de roșii, apa și condimentele și se fierbe. Intre timp pregatim chiftelele.

b)  Chiftele: Se amestecă și se formează chiftelușe cam 12-14. Se rulează în făină și se aruncă în sosul clocotit. Gatiti 40 de minute la foc mic. Asigurați-vă că aveți suficiente lichide, veți avea nevoie de ele pentru macaroane.

c)  Fierbeți 250-400 ($\frac{1}{2}$-$\frac{2}{3}$ de liră) de macaroane scurte timp de $\frac{2}{3}$ din timpul recomandat. Coaceți 20-30 pană se fierbinte

## 76. Chiftele şi sos de spaghete

## Ingredient

- 1 cană chiftelute
- ¼ lingurita Sare
- ¼ linguriță piper negru măcinat
- ½ cană parmezan ras
- 1 kg carne de vită măcinată
- 1 lingura ulei de masline
- 2 cepe tocate
- 4 catei de usturoi macinati sau
- 2 usturoi tocat
- 14 uncii Can Sos de roșii
- ½ cană vin roșu (opțional)
- 1 ardei verde dulce
- 1 lingurita Busuioc uscat din frunze
- ½ linguriță de oregano din frunze

## Directii:

a) Formați carnea în chiftele de 1 inch. Adăugați la gătit sosul de spaghete.

b)  Încinge uleiul într-o cratiță mare la foc mediu. Adăugați ceapa și usturoiul. se caleste timp de 2 minute. Adăugați ingredientele rămase. Acoperiți și aduceți la fierbere, amestecând des.

c)  Apoi, reduceți căldura și fierbeți, amestecând des timp de cel puțin 15 minute.

## 77. Spaghete cu chiftele de curcan

## Ingredient

- ¾ de kilograme piept de curcan măcinat fără piele sau curcan măcinat
- ¼ cană morcov mărunțit
- ¼ cană ceapă tocată
- ¼ cană pesmet uscat
- 1 lingură Busuioc proaspăt tocat SAU 1 linguriță Frunze de busuioc uscat
- 2 linguri lapte degresat
- ½ linguriță sare; dacă se dorește
- ¼ lingurita Piper
- 1 cățel de usturoi; zdrobit
- 3 cani Sos de spaghete preparat
- 2 cesti spaghete fierte sau dovlecei spaghetti
- Parmezan ras; dacă se dorește

## Directii:

a) Într-un castron mediu, combinați curcanul măcinat, morcovul, ceapa, pesmetul, busuiocul, laptele, sare, piper și usturoi; amesteca bine. Formați amestecul de curcan în bile de 1 inch.

b) Într-o cratiță mare, combinați chiftelele și sosul. Acoperi; gătiți la foc mediu timp de 10 până la 15 minute până când chiftelele nu mai sunt roz în centru, amestecând din când în când.

c) Serviți cu spaghete fierte sau cu dovlecei spaghetti. Acoperiți cu parmezan.

# Chiftelute pentru creșterea mușchilor

## 78. Chiftele italiene de pui cu spaghete

Porții: 4

**Ingrediente:**

- 1 kg piept de pui măcinat
- 1 ou de in (1 lingura de seminte de in macinate + 1 lingura de apa)
- 1 lingura busuioc proaspat tocat
- 1 lingura patrunjel italian proaspat tocat
- ½ linguriță de oregano uscat
- ¼ lingurita praf de ceapa
- ¼ linguriță de usturoi pudră

**Pentru sosul de rosii**

- 2 conserve (15 oz) de sos de roșii fără sare adăugată
- ¾ cană măsline negre coapte din California, feliate
- 1 lingura capere
- 1 lingurita de usturoi tocat
- 1 ceapă dulce medie, tăiată cubulețe
- 1½ cani de ciuperci tocate

- ½ lingurita piper negru
- ½ linguriță de cimbru uscat
- ½ linguriță rozmarin uscat, zdrobit
- ⅓ linguriță maghiran uscat
- 1 lingura busuioc proaspat tocat
- 1 lingura patrunjel italian proaspat tocat

**Pentru spaghete**
- 4 cartofi dulci mari (spiralizați)

**Directii:**

**Pentru chiftele de pui:**

a) Preîncălziți cuptorul la 350°F.

b) Pregătiți oul de in într-un castron mic și lăsați-l deoparte la gel.

c) Într-un castron mare, combinați puiul măcinat, ierburile, condimentele și oul de in. Se amestecă bine pentru a se combina.

d) Ungeți o tavă mare de copt și formați 12-14 chiftele, așezându-le uniform în tavă.

e) Coaceți timp de 30 de minute sau până când puiul este gătit bine.

**Pentru sosul de rosii:**

f) Pur și simplu adăugați toate ingredientele pentru sos într-o oală mare de supă și fierbeți timp de 10 minute. Adăugați chiftelele de pui și fierbeți încă 5 minute.

**Pentru spaghete:**

g) Pur și simplu spiralizați cartofii dulci (1 de persoană, așa că 4 cartofi vor fi de ajuns), folosind lama C.

h) Adăugați cartofii în spirală într-un vas potrivit pentru microunde cu câteva linguri de apă și fierbeți la abur în cuptorul cu microunde timp de 3-5 minute până se înmoaie ușor.

i) Serviți chiftele și sosul peste spaghete și bucurați-vă!

# 79. Chiftele de curcan mediteranean cu Tzatziki

Porții: 50

**Ingrediente:**

- 2 kg de curcan măcinat (am folosit 1 kg de 6% grăsime și 1 kg 1% grăsime)
- 2 linguri ulei de masline
- 1 ceapa medie, tocata marunt
- Vârf de cuțit de sare
- 1 dovlecel mediu, ras
- 1½ linguri de capere, tocate
- ½ ceasca rosii uscate la soare, tocate
- 2 felii de pâine integrală (sau pâine albă)
- ½ cana patrunjel
- 1 ou
- 1 catel mare de usturoi, tocat marunt
- ½ lingurita sare kosher
- ½ lingurita piper negru
- 1 lingură sos Worcestershire

- ½ cană de parmezan mărunțit sau ras

- 2 linguri de menta proaspata tocata marunt

## Pentru sosul tzatziki

- 8 uncii iaurt simplu cu conținut scăzut de grăsimi

- 1 cățel mare de usturoi, tocat

- 1 lamaie, cu coaja

- 1 lingura de menta proaspata

- ½ castravete, decojit

## Directii:

a) Preîncălziți cuptorul la 375 de grade. Pregătiți două foi de copt căptușindu-le cu folie de tabla și pulverizându-le cu spray de legume.

b) Încinge 1 lingură de ulei de măsline la foc mediu mare într-o tigaie medie. Adăugați ceapa și un praf de sare și gătiți până devine translucid. Transferați ceapa într-un castron mare.

c) Adăugați lingura rămasă de ulei de măsline în tigaie și adăugați dovlecelul ras. Se presară cu un praf de sare și se gătește până când dovlecelul se ofilește și se înmoaie –

aproximativ 5 minute. Transferați dovlecelul în bolul cu ceapa. Adăugați caperele și roșiile uscate la soare și amestecați pentru a se combina.

d) Puneți pâinea în bolul unui mini robot de bucătărie și pulsați până când obțineți pesmet fin. Se adauga patrunjelul si se pulsa de cateva ori pana ce patrunjelul este tocat si bine combinat cu pesmetul. Transferați pesmetul în bol. Adăugați în bol oul, usturoiul, sarea kosher, piper negru, sosul Worcestershire, parmezanul și menta și amestecați.

e) Adăugați carnea de curcan și, folosind mâinile, treceți curcanul în liant până se omogenizează bine. Scoateți o lingură de amestec de curcan și rulați-o între mâini pentru a forma o chifteluță. Puneți chiftelele pe foaia de biscuiți la aproximativ 1 inch una de cealaltă. Coaceți 20-25 de minute până se rumenesc ușor și sunt fierte.

f) Între timp, faceți sosul tzatziki: amestecați usturoiul, lămâia, menta și castraveții într-un castron mic și amestecați amestecul. Adăugați iaurtul și amestecați pentru a se combina. Se acopera si se da la rece pana este gata de servire.

g) Transferați chiftelele pe un platou și serviți tzatziki-ul în lateral.

## 80. Chiftelute cu legume şi carne de vită Marinara

Porții: 9

**Ingrediente:**

- 6 lingurite ulei de masline, impartite
- 4 catei de usturoi, taiati felii, impartiti
- 1 cutie (28 uncii) de roșii zdrobite
- 1 lingurita sare, impartita
- 1 lingurita zahar
- 1 lingurita fulgi de ardei rosu macinati, impartiti, optional
- 1 dovlecel mic, tocat grosier
- 1 morcov mediu, tocat grosier
- ½ ceapă galbenă mică, tocată grosier
- ¼ cană frunze de pătrunjel, plus mai mult pentru ornat
- 1 kilogram carne de vită slabă (am folosit 94% slabă)
- ½ cană de ovăz (eu am folosit oțel tăiat, dar puteți folosi ovăz rapid)
- ½ cană de parmezan mărunțit, plus mai mult pentru ornat
- 1 ou mare, bătut

**Directii:**

a) Preîncălziți broilerul la maxim. Asigurați-vă că grătarul cuptorului este la aproximativ 4 inci sub sursa de căldură. Frecați 1 linguriță de ulei de măsline pe suprafața unei foi de copt cu ramă.

b) Într-o oală mare pentru sos, încălziți restul de 5 lingurițe de ulei de măsline la foc mediu. Adăugați doi căței de usturoi și gătiți până devin aurii, aproximativ 3 minute. Adăugați roșii, ½ linguriță sare, zahăr și ½ linguriță fulgi de ardei roșu (dacă doriți). Se aduce la fierbere, se reduce focul și se fierbe, acoperit, timp de 10 minute.

c) Între timp, într-un robot de bucătărie, combinați dovlecelul, morcovul, ceapa, usturoiul rămas și pătrunjelul. Pulsați până se toacă mărunt. Transferați amestecul de legume într-un castron mare. Adăugați carnea de vită, ovăzul, parmezanul, restul de sare, fulgii de ardei roșu rămași (dacă doriți) și oul. Amesteca bine.

d) Formați amestecul în chiftelute cu diametrul de 1½ inci. Aranjați uniform pe foaia de copt pregătită. Se prăjesc până când vârfurile chiftelelor se rumenesc, aproximativ 5 minute.

e) Transferați ușor chiftelutele în vasul cu sos și continuați să gătiți, acoperit, timp de 10 minute sau până când chiftelele sunt gătite. Se ia de pe foc.

f) Serviți ca aperitiv sau spaghete peste fierte ca fel principal. Decorați cu pătrunjel suplimentar și parmezan, dacă doriți.

## 81. 6 ingrediente Chiftele

Porții: 12

**Ingrediente:**

- 0,8 - 1 kg carne de vită macră tocată (95% carne slabă/5% grăsime)
- 1 ceapa galbena mica, rasa
- ¼ cană pătrunjel proaspăt, tocat
- 1 ou
- ⅓ cană pesmet uscat
- 1 lingurita sare si ½ lingurita piper

**Directii:**

a) Preîncălziți cuptorul la 425 de grade.

b) Tapetați o tavă de copt cu ramă cu hârtie de copt.

c) combinați toate ingredientele într-un bol de amestecare. Folosind mâinile, combinați ușor ingredientele până se încorporează bine.

d) Formați carnea în bile, de 1 inch în diametru, rulând ușor între mâini. Puneți pe tava de copt, lăsând cel puțin 1 inch între fiecare.

e) Coaceți timp de 12 minute. Scoateți din cuptor și serviți sau adăugați în marinara.

## 82. Chiftele de curcan, mere si salvie

Porții: 20

## Ingrediente:

- 1½-2 lbs curcan măcinat
- 1 măr mare, ras (aproximativ 1 cană, ambalat; curățați dacă preferați, dar eu nu am făcut-o)
- ½ cană ceapă dulce tocată mărunt
- 2 ouă mari, bătute
- 2 linguri faina de cocos
- 2 linguri de frunze de salvie proaspete tocate
- ½ lingurita nucsoara
- Un praf generos de sare
- ½ lingurita piper negru macinat

## Directii:

a) Într-un castron mare, amestecați curcanul, mărul, ceapa, ouăle și făina de cocos până se combină. Se amestecă apoi salvie, nucșoară, sare și piper până când aromele sunt distribuite uniform.

b) Scoateți 3 linguri de bile și rulați între palme pentru a le netezi.

c) Preîncălziți cuptorul la 350 și preîncălziți câteva linguri de ulei într-o tigaie sigură pentru cuptor. Se calesc chiftelele, la cel puțin un inch una de cealaltă, până când fundul devine maro închis și crocant (aproximativ 3-5 minute), apoi se răstoarnă și se face același lucru pe cealaltă parte.

d) Transferați tava în cuptorul preîncălzit și coaceți timp de 9-12 minute până când este gătită (nu rămâne roz în centru). Ale mele au fost perfecte la 10 minute.

e) Păstrați chiftelele fierte sau nefierte într-un recipient ermetic la frigider până la 3 zile sau la congelator până la 3 luni.

## 83. Chiftele asiatice cu glazură de mere Hoisin

Porții: 24

Ingrediente:

Pentru chiftele

- ½ lb ciuperci cremini, tocate grosier (tulpinile îndepărtate)
- 1 cană de cereale All-Bran Original
- 1 kg de curcan măcinat extra slab
- 1 ou
- 1 cățel de usturoi, tocat mărunt
- ½ lingurita ulei de susan prajit
- 1 lingurita sos de soia cu sodiu redus
- 2 linguri coriandru, tocat marunt
- 2 linguri de ceapa verde, tocata marunt
- ¼ lingurita sare
- ¼ lingurita de piper

Pentru sos si garnitura

- ¼ cană sos hoisin
- ¼ cană oțet de vin de orez
- 1 cană sos de mere neîndulcit

- 2 linguri de unt de mere

- 1 lingura sos de soia cu sodiu redus

- 1 lingurita ulei de susan

Garnituri optionale

- Arahide, zdrobite

- Ceapa verde, feliata subtire

- seminte de susan


**Directii:**

**Pentru chiftele:**

a) Preîncălziți cuptorul la 400 F și tapetați o foaie mare de copt cu hârtie de copt sau un silpat.

b) Folosind un robot de bucătărie, presează ciupercile până când ajung la o consistență asemănătoare cărnii măcinate. Transferați într-un castron.

c) Adăugați All-Bran în robotul de bucătărie și procesați până ajunge la o pudră. Adăugați în bol.

d) Se amestecă curcanul, oul, usturoiul, uleiul de susan prăjit, sosul de soia, coriandru, ceapa verde, sare și piper. Se rulează în 24 de bile și se așează pe tava de copt.

e) Coaceți timp de 15-18 minute, sau până când devine maro auriu la exterior și complet fiert pe interior.

**Pentru sos si garnitura:**

f) Într-o tigaie mare, combinați sosul hoisin, oțetul, sosul de mere, untul de mere, sosul de soia și uleiul de susan și fierbeți la foc mediu mic până când se combină complet și se îngroașă.

**A asambla:**

g) Odată ce chiftelele sunt fierte, adăugați-le în tigaia cu sosul și amestecați până se îmbracă bine.

h) Decorați cu arahide zdrobite, semințe de susan și ceapă verde feliată, dacă doriți.

## 84. Dovleac umplut cu chiftelute de pui

Porții: 4

**Ingrediente:**

- 2 dovleac ghinda
- 1 lingura ulei de masline
- Sare de mare și piper proaspăt măcinat
- 3 catei de usturoi, tocati
- 3 ceapă, tocate grosier
- 1 cană frunze de coriandru (tulpinile îndepărtate)
- 1 lb. pui măcinat extra slab
- 2 lingurite chimen macinat
- ¼ cană panko
- ¼ până la ½ cană de ardei iute verde Hatch, tocat
- 2 linguri nuci de pin
- ¼ cană brânză Cotija - mărunțită (opțional)
- 1 avocado, coaja și sâmburele îndepărtate
- 2 linguri iaurt simplu
- 1 lingură maioneză cu ulei de măsline

- Zara să se subțieze dacă este necesar
- Coriandru suplimentar pentru ornat

**Directii:**

a) Preîncălziți cuptorul la 400 de grade (375 de grade în cuptorul cu convecție). Tăiați cu grijă ambele capete ale dovleacului. Tăiați bucata rămasă în rondele de la $1\frac{1}{2}$ la 3 inci - care pot fi 2 sau 3 bucăți. Se aseaza pe o tava de copt, se unge cu ulei de masline si se condimenteaza cu sare si piper. Puneți în centrul cuptorului preîncălzit timp de 15 până la 20 de minute în timp ce faceți umplutura.

b) În bolul unui robot de bucătărie, adăugați usturoiul, ceapă și coriandru. Pulsați de câteva ori până se toacă mărunt, dar nu se face piure.

c) Adăugați amestecul de coriandru într-un castron mare cu puiul măcinat. Adăugați chimenul și panko. Amesteca bine. Mâinile funcționează cel mai bine! Încorporați ardeiul verde, nucile de pin și cotija dacă folosiți. Nu amestecați în exces, dar încercați să încorporați în amestecul de pui. Formați 4-5 bile în funcție de numărul de felii de dovleac ghindă și de preferințele dumneavoastră.

d) Scoateți dovleacul din cuptor. Puneți o chifteluță în centrul fiecărei felii. Reveniți la cuptor pentru încă 25 de minute. Timpul depinde de dimensiunea chiftelelor tale. Dacă introduceți o furculiță în chifteluță, aceasta ar trebui să fie destul de tare, iar dovleceii trebuie să fie destul de fragezi.

e) În timp ce chiftelele și dovleceii se gătesc, combinați avocado, iaurt, maioneza, sare și piper într-un blender sau robot de bucătărie. Procesați până la omogenizare. Verificați condimentele. Adăugați zara până la consistența dorită. Îmi place puțin mai liber decât maioneza — groasă, nu curgătoare!

f) Când este gata de servire, puneți o bucată de crema de avocado pe fiecare porție și garniți cu coriandru. Bucurați-vă!

## 85. Chiftelușe de pui la grătar cu miere

Porții: 4

**Ingrediente:**

**Pentru chiftele**

- 1 lb. pui măcinat
- 1 cană pesmet
- ¼ cană ceapă verde tăiată subțire
- 2 ouă mari, bătute
- 2 linguri de patrunjel proaspat tocat cu frunze plate
- 1 lingurita de usturoi tocat
- ½ lingurita sare
- ¼ lingurita piper negru macinat

**Pentru sosul barbeque**

- 1 cutie (8 oz) de sos de rosii
- ¼ cană miere
- 1 lingură sos Worcestershire
- 1 lingura otet de vin rosu
- ½ linguriță de usturoi pudră

- ½ lingurita sare
- ⅛ linguriță piper negru măcinat

## Directii:

a) Preîncălziți cuptorul la 400 de grade F. Tapetați o foaie de copt cu folie de aluminiu și stropiți cu spray de gătit.

b) Pregătiți chiftelele. Într-un castron mare, adăugați toate ingredientele de chifteluță și amestecați ușor împreună cu mâinile. Nu amestecați în exces, deoarece acest lucru va produce chiftelute tari.

c) Folosește-ți mâinile pentru a întinde 12-14 chiftele de dimensiunea unei mingi de golf și întinde-le pe tava de copt.

d) Coaceți timp de 15 minute sau până când chiftelele sunt fierte.

e) Intre timp pregatim sosul barbeque. Într-un castron mediu, amestecați toate ingredientele pentru sos până se combină bine. Transferați sosul într-o oală mare pentru sos. Dați focul la mediu-mare și lăsați să fiarbă 7-8 minute, amestecând din când în când. Sosul va incepe sa se ingroase.

f) Reduceți căldura la minim. Adăugați chiftelele fierte în sos și amestecați ușor pentru a acoperi chiftelele. Lasă chiftelele să fiarbă în sos timp de 5 minute, amestecând din când în când.

## 86. Chiftelute cu cartofi dulci de curcan

Porții: 16

**Ingrediente:**

- 1 kilogram de curcan măcinat
- 1 cană de cartofi dulci gătiți, piure
- 1 ou
- 2 catei de usturoi, tocati
- 1 - 2 jalapenos, tocate
- 1/2 cană făină de migdale (sau pesmet)
- 1/2 cană ceapă, tăiată cubulețe
- 2 fasii de bacon, taiate cubulete

**Directii:**

a) combinați toate ingredientele într-un castron mare.

b) Se amestecă bine și se formează bile (eu am făcut vreo 16).

c) Coaceți la 400 de grade timp de 18-20 de minute (sau până când temperatura internă atinge 165 de grade), răsturnând o dată.

# Chiftele vegane

# 87. Biluțe de tofu

**Ingrediente:**

- 6 căni de apă; fierbere
- 5 căni de tofu; sfărâmat
- 1 cană pesmet din cereale integrale
- ¼ cană Tamari
- ¼ cană drojdie nutritivă
- ¼ cană unt de arahide
- Inlocuitor de ou pentru 1 ou
- ½ cană ceapă; tocat mărunt
- 4 catei de usturoi; presat
- 1 lingurita Cimbru
- 1 lingurita Busuioc
- ¼ linguriță de semințe de țelină
- ¼ linguriță cuișoare; sol

**Directii:**

a) Puneți toate, cu excepția unei cani de tofu mărunțit, în apă clocotită. Apăsați tofu.

b) Adăugați ingredientele rămase în tofu presat și amestecați bine.

c) Formați amestecul în bile de mărimea unei nuci și puneți-le pe o foaie de biscuiți bine unsă cu ulei.

d) Coaceți la 350 de grade timp de 20-25 de minute sau până când biluțele sunt tari și rumene. Întoarceți-le o dată în timpul coacerii, dacă este necesar.

## 88. Paste vegane pentru chiftele

Ingrediente:

- 250 g/9 oz buchete de conopidă, fierte
- 200g/7oz spanac tocat congelat, decongelat
- 400 g fasole neagra, scursa
- 2 catei de usturoi, macinati sau rasi
- 2 lingurite sos de soia
- 1 lingurita amestec de ierburi uscate
- 150 g/5½ ovăz
- sos

Directii:

a) Fierbeți buchetele de conopidă într-o tigaie cu apă clocotită.

b) Răziți conopida într-un bol, apoi adăugați spanacul, fasolea, usturoiul, sosul de soia și amestecul de ierburi. Amestecul se lucrează împreună cu un zdrobitor pentru a forma o pastă grosieră.

c) Se amestecă ovăzul într-o pudră fină, apoi se adaugă în bol și se amestecă pentru a se combina. Rulați amestecul în bile.

d) Prăjiți biluțele de legume în loturi până devin maro-aurie. Turnați sosul în tigaie, apoi aranjați deasupra pastele uscate. Coace

## 89. Chiftele vegane la cuptor

## Ingrediente:

- 1 lingura de seminte de in macinate
- 1/4 cană + 3 linguri bulion de legume
- 1 ceapa mare, curatata de coaja si taiata in sferturi
- 2 catei de usturoi, curatati de coaja
- 12 oz (0,75 lb) / 340 de grame de carne de plantă Impossible Burger
- 1 cană pesmet
- 1/2 cană parmezan vegan
- 2 linguri patrunjel proaspat, tocat marunt
- Sare si piper, dupa gust
- Spray cu ulei de gătit (dacă gătiți pe plită)

## Directii:

a) Adăugați ceapa și usturoiul într-un robot de bucătărie și amestecați până se face piure.

b) Într-un castron mare de amestecat se adaugă ou de in, 1/4 cană bulion de legume, ceapă și usturoi piure, carne de plantă Impossible Burger, pesmet, parmezan vegan, pătrunjel și un praf de sare și piper. Se amestecă bine pentru a se combina.

c) Formați amestecul de chiftele vegane în 32 de bile.

d) Pune chiftele vegane pe tava tapetata de copt si coace la cuptor pentru aproximativ 10 minute, sau pana se rumenesc.

## 90. Chiftele fără carne

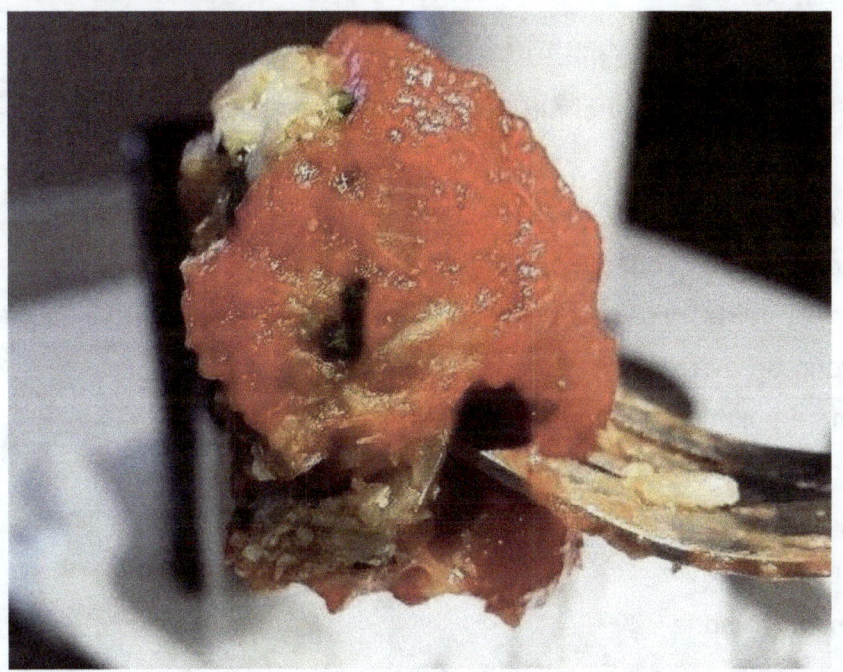

## Ingrediente:

- 1 lingura ulei de masline
- 1 kilogram de ciuperci albe proaspete
- 1 praf sare
- 1 lingura de unt
- ½ cana ceapa tocata marunt
- 4 catei de usturoi, tocati
- ½ cană de ovăz cu gătit rapid
- 1 uncie parmigiano tocat foarte fin
- ½ cană pesmet
- ¼ de cană de pătrunjel tocat cu frunze plate (italian).
- 2 ouă, împărțite
- 1 lingurita sare
- piper negru proaspăt măcinat după gust
- 1 praf de ardei cayenne, sau dupa gust
- 1 praf de oregano uscat
- 3 cani de sos de paste
- 1 lingura Parmigiano tocat foarte fin
- 1 lingură pătrunjel tocat cu frunze plate (italian) sau după gust

## Directii:

a) Încinge ulei de măsline într-o tigaie la foc mediu-înalt. Adăugați ciupercile în uleiul încins, stropiți cu sare și gătiți și amestecați până când lichidul din ciuperci s-a evaporat.

b) Adăugați untul în ciuperci, reduceți căldura la mediu și gătiți și amestecați ciupercile până când devin aurii, aproximativ 5 minute

## 91. Chiftele vegetariene

**Ingrediente:**

- 1 cană linte uscată (sau 2 1/2 căni gătite)
- 1/4 cană ulei de măsline
- 1 ceapa mica, aproximativ 1 cana tocata
- 8 oz ciuperci Cremini
- 3 catei de usturoi, tocati
- 1 1/2 cană pesmet Panko
- Ciupiți condimente italiene și cayenne
- 2 1/2 lingurițe Sare, împărțite
- 2 oua
- 1 cană de parmezan

**Directii:**

a) Într-un castron mare, amestecați jumătate de roșii împreună cu 1 linguriță de condimente italiene, 1 linguriță de sare și 1/4 cană ulei de măsline.

b) Pulsați ciupercile într-un robot de bucătărie până când sunt de mărimea unei mazăre.

c) Cand uleiul este incins, adaugam ceapa si o calim aproximativ 3 minute, pana devine translucida. Se adauga usturoiul si ciupercile pulsate si se calesc.

d) Într-un castron mare, combinați amestecul de ciuperci de linte împreună cu pesmetul de pâine panko și condimentele. Formați bile și coaceți.

## 92. Chiftele de oregano cu lămâie

## Ingrediente:

- 1 lingura de seminte de in macinate
- 1 lingura ulei de masline, plus extra
- 1 ceapa galbena mica si 3 catei de usturoi
- Ciupiți de oregano, praf de ceapă, tamari
- ½ linguriță ardei iute măcinat
- sare de mare și piper negru măcinat, după gust
- 1 ½ lingurita suc de lamaie si coaja
- 1 cană jumătăți de nucă
- ¾ cană de ovăz
- 1 ½ cană de fasole albă fiartă
- ¼ de cană de pătrunjel proaspăt și ¼ de cană de mărar proaspăt

## Directii:

a) Într-un castron mic, combinați inul măcinat și apa. Se caleste ceapa si se adauga usturoiul si oregano.

b) Adăugați drojdia nutritivă, chili, praful de ceapă, sare și piper în tigaie și amestecați timp de aproximativ 30 de secunde. Turnați în sucul lor de lămâie.

c) Pulsați nucile, fasolea și ovăzul până când aveți o masă grosieră. Adăugați amestecul de gel de in, amestecul de ceapă și usturoi sotate, tamari, coaja de lămâie, pătrunjel, mărar și praf mari de sare și piper.

d) Rotiți-o într-o bilă și coaceți chiftelele timp de 25 de minute.

## 93. Chiftele de linte

**Ingrediente:**

- 1 ceapa galbena tocata marunt
- 1 morcov mare decojit și tăiat cubulețe
- 4 catei de usturoi tocati
- 2 cani de linte verde fiarta (aproximativ 3/4 cana uscata) sau 2 cani conservate
- 2 linguri pasta de rosii
- 1 lingurita oregano
- 1 lingurita busuioc uscat
- 1/4 cană drojdie nutritivă
- 1 lingurita sare de mare
- 1 cană semințe de dovleac

**Directii:**

a) Formați o minge

b) Coace

## 94. Copycat Ikea Veggie Balls

**Ingrediente:**

- 1 conserve Naut (conserva) 400 g / 14 oz
- 1 cană spanac congelat
- 3 morcovi (medii)
- ½ ardei gras
- ½ cană porumb dulce (conserve)
- 1 cană de mazăre verde
- 1 ceapa (medie)
- 3 catei de usturoi
- 1 cană făină de ovăz
- 1 lingura ulei de masline
- Asezonare

**Directii:**

a) Adăugați toate legumele într-un robot de bucătărie și amestecați până când sunt tocate mărunt. Bucătar.

b) Acum adauga spanacul congelat, dar dezghetat sau proaspat, salvie uscata si patrunjelul uscat. Se amestecă și se fierbe timp de 1-2 minute.

c) Adăugați năutul din conserva și Pulse până se omogenizează.

d) Pentru a face bile de legume, scoateți o minge ca înghețata și apoi terminați de format-o cu mâinile.

e) Așezați biluțele pe o hârtie de copt sau o foaie de copt. Coaceți-le timp de 20 de minute până au o crustă crocantă.

## 95. Chiftele de Quinoa

## Ingrediente:

- 2 cani de quinoa fiarta
- ¼ cană parmezan, ras
- ¼ cană brânză asiago, rasă
- ¼ cană busuioc proaspăt, tocat
- 2 linguri coriandru proaspăt, tocat
- 1 lingurita oregano proaspat, tocat
- ½ linguriță de cimbru proaspăt
- 3 mănuși mici de usturoi, tocate fin
- 1 ou mare
- 2 vârfuri mari de sare kosher
- ½ lingurita piper negru
- ¼ cană pesmet italian condimentat
- 1 praf până la ¼ linguriță fulgi de ardei roșu mărunțiți

## Directii:

a) Amestecă toate ingredientele într-un bol mare. Se toarnă puțin ulei de măsline în tigaia preîncălzită.

b) Formați o chifteluță puțin mai mică decât o minge de golf și puneți-o în tigaie începând din centru. .

c) Coaceți în tigaie sau transferați pe o tavă de copt cu margine și coaceți în cuptorul preîncălzit timp de 25 de minute.

## 96. Chiftele picante cu naut

## Ingrediente:

- 1 lingură făină din semințe de in
- Cutie de năut de 14 uncii, scurs și clătit
- 1 1/2 cani de farro fiert
- 1/4 cană de ovăz de modă veche
- 2 catei de usturoi, presati
- 1 lingurita radacina de ghimbir rasa fin
- 1/2 lingurita sare
- 1 lingură ulei de susan chile fierbinte
- 1 lingură sriracha

## Directii:

a) Preîncălziți cuptorul la 400 de grade Fahrenheit. Tapetați o tavă de foaie cu folie și puneți ajutorul.

b) Combinați făina de semințe de in cu 3 linguri de apă; se amestecă și se lasă deoparte să se odihnească timp de 5 minute.

c) Puneți năutul, farro, ovăzul, usturoiul, ghimbirul, sarea, uleiul de susan și sriracha în bolul unui robot sau blender mare. Se toarnă amestecul de in odihnit („ou de in") și se amestecă până când ingredientele tocmai s-au combinat.

d) Rulați amestecul în bile de o lingură și coaceți.

## 97. Chiftele vegane cu ciuperci

## Ingrediente:

- 1 lingura de seminte de in macinate
- 3 linguri de apa
- 4 uncii ciuperci baby bella
- ½ cană ceapă tăiată cubulețe
- 1 lingura ulei de masline impartit
- ¼ lingurita sare
- 1 lingura sos de soia
- 1 lingura condimente italiene
- 1 conserve (15 uncii) de năut scurs
- 1 cană pesmet simplu
- 1 lingura drojdie nutritiva
- 1 lingurita sos Worcestershire

## Directii:

a) Tăiați grosier ciupercile și cubulețe ceapa.

b) Într-o tigaie medie, încălziți 1 lingură de ulei de măsline la foc mediu-mare. Odată fierbinte, adăugați ciupercile și ceapa și stropiți cu ¼ de linguriță de sare. Se caleste timp de 5 minute sau pana cand ciupercile se inmoaie.

c) Adăugați sosul de soia și condimentele italiene și gătiți încă un minut.

d) Combinați năutul, oul de in, pesmetul, drojdia nutritivă, sosul Worcestershire și ceapa și ciupercile sotate într-un robot de bucătărie cu un accesoriu standard de lamă. Puls până se defectează în mare parte. Ar trebui să mai existe câteva bucăți mici de năut sau ciuperci.

e) Folosiți mâinile curate pentru a rula amestecul de chiftele în 12 bile de mărimea aproximativă de ping-pong.

f) Coaceți timp de 30 de minute într-un cuptor la 350 de grade.

## 98. Spaghete cu chiftele vegane

**Ingredient**

- 3 Ceapa
- ½ kg Ciuperci -- feliate
- 4 linguri ulei de masline
- 1 cutie de rosii
- 1 conserve Pasta de rosii
- 1 tulpina de telina tocata
- 3 morcovi rasi
- 6 linguri de unt
- 3 ouă bătute
- 1½ cană de masă Matzo
- 2 căni de mazăre verde fiartă
- 1 lingurita Sare si ¼ lingurita Piper
- 1 kg Spaghete, fierte
- Brânză elvețiană rasă

**Directii:**

a) Se caleste ceapa si ciupercile taiate cubulete in ulei timp de 10 minute. Adăugați roșiile, pasta de tomate și oregano. Acoperiți și gătiți la foc mic 1 oră. Condimentarea corectă.

b) Fierbeți ceapa, țelina și morcovii tocate în jumătate de unt timp de 15 minute. Rece. Adăugați ouăle, 1 cană de făină matzo, mazărea, sare și piper.

c) Se rulează în bile mici și se scufundă în făină matzo rămasă.

# DESERTURI DE CHIFTETE

## 99. Plăcintă de ciobanesc chiftele

Porții: 6

**Ingrediente:**

- 1 - 26 oz. pungă de chiftele de vită
- 1 - 12 oz. borcan de sos de vită preparat
- 1 - 16 oz. pungă de legume amestecate congelate (suficient decongelate pentru a se desprinde)
- 1 cutie de piure de cartofi cu smântână și arpagic (conținând 2 plicuri)
- 1/2 cană parmezan ras

**Directii:**

a) Preîncălziți cuptorul la 350°F. Dezghețați chiftelele în cuptorul cu microunde timp de 1 minut. Tăiați fiecare chifteluță în jumătate.

b) Într-un castron mare, amestecați chiftelele tăiate în jumătate, sosul și legumele amestecate congelate. Turnați amestecul într-o tavă de copt unsă de 9" x 13".

c) Pregătiți ambele pliculețe de cartofi cu smântână și arpagic, adăugând lapte, apă fierbinte și unt conform instrucțiunilor de pe ambalaj.

d) Întindeți cartofii pregătiți peste amestecul de chiftele.

e) Stropiți cartofii cu parmezan și coaceți timp de 20-25 de minute.

## 100. Placintă cu chiftelute cu spaghete

Porții: 4-6

## Ingrediente:

- 1 - 26 oz. pungă cu chiftelute de vită
- 1/4 cană piper verde tocat
- 1/2 cană ceapă tocată
- 1 - 8 oz. pachet spaghete
- 2 oua, putin batute
- 1/2 cană parmezan ras
- 1-1/4 cani de brânză mozzarella mărunțită
- 26 oz. borcan cu sos de spaghete gros

## Directii:

a) Preîncălziți cuptorul la 375 °F. Se călește ardeii și ceapa până se înmoaie, aproximativ 10 minute. Pus deoparte.

b) Gătiți spaghetele, scurgeți și clătiți cu apă rece și uscați. Puneți într-un bol mare de amestecare.

c) Adăugați ouăle și parmezanul și amestecați pentru a se combina. Apăsați amestecul în partea de jos a unei farfurii de plăcintă de 9 inchi pulverizate. Acoperiți cu 3/4 cană de brânză mozzarella mărunțită. Dezghețați chiftelele congelate în cuptorul cu microunde timp de 2 minute.

d) Tăiați fiecare chifteluță în jumătate. Peste amestecul de brânză se pun jumătățile de chiftele. Combinați sosul de spaghete cu ardei și ceapă fierte.

e) Peste stratul de chiftele. Acoperiți lejer cu folie și coaceți timp de 20 de minute.

f) Scoateți din cuptor și presărați 1/2 cană de brânză mozzarella peste amestecul de sos de spaghete.

g) Continuați să coaceți descoperit timp de încă 10 minute până când devine clocotită. Tăiați felii și serviți.

## CONCLUZIE

Când căutăm o cină rapidă, ușoară și delicioasă pe care să o preparăm în noaptea aglomerată a săptămânii, chiftelele vin mereu în minte. De obicei, sunt gata în doar 30 de minute, absorb atât de bine diferite arome și condimente, încât să le puteți personaliza complet și sunt iubiți de întreaga familie - copii și adulți deopotrivă. Așadar, dacă te întrebi „cum să faci chifteluțe", ești în locul potrivit. Aceste rețete de chifteluțe, inclusiv chifteluțe de carne de vită măcinată, chifteluțe de curcan măcinate, chifteluțe vegetariene, chifteluțe sacante și multe altele pot fi servite singure ca aperitiv de dimensiunea unei mușcături în ziua jocului, peste un bol de orez sau învelite în pâine pita.

www.ingramcontent.com/pod-product-compliance
Lightning Source LLC
Chambersburg PA
CBHW050018130526
44590CB00042B/743